El *mobbing* no puede ser un crimen perfecto

María Concepción Verona Martel (coordinadora)

José Juan Déniz Mayor

Raquel Santana Mateo

Alba Artiles Navarro

∞

laCantonera

·2016

Ilustración de la portada © kieferpix – fotolia.com.

El mobbing no puede ser un crimen perfecto © de María Concepción Verona Martel (coordinadora), José Juan Déniz Mayor, Raquel Santana Mateo y Alba Artiles Navarro, 2016.

Primera Edición, octubre 2016.

Todos los derechos reservados. Ninguna parte de esta obra puede ser reproducida, incluso en Internet, sin permiso del propietario del copyright, excepto en el caso de citas breves y en la crítica de libros.

D.L.: GC 947-2016

ISBN: 978-1539634263

Editado por CreateSpace Independent Publishing Platform.

Printed by CreateSpace, an Amazon.com company.

A todas las víctimas de *mobbing* pasadas, presentes y futuras.

"No soy un sabio y, para que tu malevolencia se regocije, nunca lo seré. Por esto no exijo de mí ser igual que los mejores, sino mejor que los malos; me basta con podar todos los días algo de mis vicios y castigar mis extravíos. No he llegado a la salud, ni llegaré siquiera; compongo para mi gota más calmantes que remedios, contento si los ataques son menos frecuentes y menos dolorosos; pero comparado con vuestros pies, yo, impotente, soy un corredor."

Séneca

De vita beata

Índice

Presentación 7

Capítulo 1. Ética en la empresa 11

    1.1. La ética en las organizaciones 13

    1.2. Los problemas éticos en la gestión de las organizaciones 31

Capítulo 2. Aspectos generales del *mobbing* 35

    2.1. Definición de *mobbing* 37

    2.2. Estudios de población acerca del *mobbing* 48

    2.3. Tipos de *mobbing* 55

    2.4. Partes implicadas en el proceso del *mobbing* 57

        2.4.1. Perfil de la víctima 58

        2.4.2. Perfil del acosador 62

        2.4.3. Perfil de los cómplices................................. 70

    2.5. Fases del *mobbing* 84

    2.6. Estrategias utilizadas por el acosador en el proceso de *mobbing* 92

    2.7. Consecuencias psicológicas, laborales y económicas para la víctima de *mobbing* 95

    2.8. Estrategias de la víctima de *mobbing* para conseguir superarlo 100

Capítulo 3. Responsabilidad de la empresa ante el *mobbing* 113

    3.1. Sectores económicos más afectados por el *mobbing* 115

    3.2. Perfil de la empresa favorecedora del *mobbing* . 118

    3.3. Consecuencias para la empresa derivadas de la existencia de *mobbing* 122

    3.4. Consecuencias del *mobbing* para la sociedad.... 126

    3.5. Responsabilidades de la empresa derivadas de la existencia de *mobbing* 131

    3.6. Mecanismos sociales (o externos a la empresa) para la prevención y erradicación del *mobbing* 146

        3.6.1. El papel de los sindicatos en los procesos de *mobbing*.. 146

        3.6.2. La prensa como herramienta para hacer visible el *mobbing* 151

        3.6.3. La legislación en materia de *mobbing* en España 152

Unas palabras finales.. 157

Bibliografía 159

Presentación

Los investigadores consideran que en el mundo laboral del siglo XXI se ha implantado con fuerza una nueva plaga que precisa de una erradicación urgente a tenor de los sufrimientos que ocasiona al ser humano que la padece, las graves consecuencias que acarrea a la empresa, la economía y la sociedad en general. Esta nueva lacra del mundo laboral es el *mobbing* o acoso psicológico en el trabajo, que supone la existencia de un acosador psicópata que comete delitos por doquier sin dejar huella, lo que dificulta ser castigado legalmente por ello.

En los últimos años el *mobbing* ha tenido una creciente presencia en los medios de comunicación, dando lugar a un mayor número de investigaciones, a que muchas víctimas decidan hacer público su caso, a que la legislación lo considere como un delito específico diferenciándolo de otros tipos de acoso y que, tanto la empresa como la sociedad, empiecen a prestarle la atención que precisa.

El *mobbing* no es un fenómeno nuevo, probablemente ha existido siempre, pero los estudios realizados en los últimos años han puesto de manifiesto que el acoso psicológico en el trabajo crece de forma alarmante, no siendo exclusivo de un solo tipo de profesión, empresa o sector económico sino que afecta a todas ellas en mayor o menor medida. Además, se ha demostrado que en muchos casos en los que la muerte del trabajador ha sido por su propia mano el motivo desencadenante ha sido el acoso psicológico que sufría en su lugar de trabajo.

Una sociedad sana no puede permitir que millones de sus miembros, todos ellos valiosos en tanto que seres humanos, sean destruidos para satisfacer los impulsos enfermizos de unos psicópatas que, además, se consideran que están por encima de las leyes. Por eso, la sociedad debe apoyar a las víctimas en su lucha por recuperarse de los daños sufridos y denunciar a sus acosadores y a los cómplices de éstos.

Desde las diferentes perspectivas a través de las cuales puede ser analizado y estudiado el *mobbing*, como la psicológica o la legislativa, entre otras, en la presente obra se muestra el *mobbing* como un problema ético vinculado a la gestión de las empresas exponiendo a la luz pública las graves consecuencias de un delito contra el trabajador que debe darse a conocer, al objeto de que los culpables sean identificados y sancionados y la víctima indemnizada.

Esta obra se ha dividido en tres capítulos. En el primero se presentan los elementos básicos de la ética de la empresa, haciendo hincapié en los problemas éticos que se plantean en el desarrollo de sus actividades. En el segundo se abordan los aspectos generales del *mobbing*, como su concepto, tipología, partes implicadas, fases del proceso, estrategias utilizadas por el acosador, consecuencias para la víctima y estrategias utilizadas por la víctima para defenderse. En el último se establece la premisa de que la empresa ha de reconocer que tiene una responsabilidad ante los actos de acoso psicológico que se cometen en su seno y, por tanto, ha de establecer medidas para que no se produzcan o, una vez producidos, resolverlos. Además, en este capítulo se abordan otros aspectos, a saber, los sectores económicos más afectados por el *mobbing*, el perfil de la empresa fomentadora del *mobbing* y las consecuencias del *mobbing* para las empresas y la sociedad en general.

Una recomendación de lectura: si usted desea conocer la figura del *mobbing* desde un punto de vista académico o profesional, comience por el primer capítulo; pero si usted se considera víctima de *mobbing* o conoce a una persona de su entorno que esté sufriendo esta forma de acoso, pase directamente al capítulo segundo.

Capítulo 1

Ética en la empresa

> *"Porque una empresa tiene por meta en realidad satisfacer necesidades sociales sin engaños, dentro de un marco moral de respeto a los derechos de consumidores, empleados y proveedores, y si está diseñada según este esquema y lo sigue en su funcionamiento, las decisiones que tomen quienes trabajen en ella serán correctas desde un punto moral sin necesidad de esfuerzos y sacrificios."*
>
> Adela Cortina
>
> Ética de la empresa

1.1. La ética en las organizaciones

Las decisiones éticas son opciones elegidas por individuos que se hacen responsables de las consecuencias de sus acciones. La responsabilidad personal implica que uno acepta los posibles costos, deberes y obligaciones de las decisiones que toma.

No existe un criterio unánimemente aceptado en torno a la distinción entre los conceptos de ética y moral. Tal es así que en muchos casos son utilizados de forma intercambiable como sinónimos. Aunque existen algunos principios éticos bastante extendidos, estas reglas tienen demasiadas excepciones lógicas como para ser una guía absoluta en cuanto a comportamiento. Baste citar a modo de ejemplo: *"trata a los demás como se quiere que los demás lo traten a uno"*, *"si una acción no es correcta para todos, no es correcta para nadie"* (imperativo categórico de Kant), *"si una acción no puede efectuarse repetidamente, no debe efectuarse nunca"* (regla del cambio de Descartes o principio de la pendiente resbaladiza), *"la acción que logra el valor más alto o mayor es la que debe efectuarse"* (principio utilitarista), *"la acción que produce el menor daño, o que cuesta menos es la que debe llevarse a cabo"* (principio de aversión al riesgo), o *"nada es gratis"*. No obstante, Lozano (2011: 59) afirma que *"cuando consideramos que un valor es digno de ser vivido por todo el mundo y que si todas las personas actuaran de acuerdo a él, el mundo sería mejor, entonces estamos hablando de un valor ético".*

Asimismo, Cortina (2003: 17) en un intento por definir qué es la ética afirma que *"la ética es un tipo de saber de los que pretende orientar la acción humana en un sentido racional; es decir, pretende que obremos racionalmente. A diferencia de los saberes preferentemente teóricos, contemplativos, a los que no importa en principio orientar la acción, la ética es esencialmente un saber para actuar de un modo racional. Pero no sólo en un momento puntual [...] sino para actuar racionalmente en el conjunto de la vida."*

Al igual que sucede con otras facetas de la vida, la actividad empresarial está continuamente sometida a problemas complejos bajo circunstancias únicas que involucran decisiones éticas. No obstante, aunque el origen de la ética de los negocios o *Business Ethics* se sitúa en el congreso que se celebró en la Universidad de Texas en 1973, no sería hasta más de dos décadas después cuando empezarán a elaborarse mecanismos, procesos e instrumentos para gestionar la dimensión ética de la empresa.

A pesar de todo ello, existe un buen número de autores que se preguntan si la sociedad, al reclamar una mayor ética de los negocios, está aludiendo a una necesidad, o más bien está tranquilizando su mala conciencia dando la apariencia de que la ética le parece fundamental en la empresa, igual que en la política o en la información. *"¿Es, pues: una necesidad, un efecto cosmético, o incluso un nuevo opio del pueblo, que adormece la conciencia de los explotados para que no se percaten de que lo son?"* (Cortina, 2003: 76). Ante tal cuestión dicha autora afirma que *"aunque la ética de la empresa pueda ser utilizada como cosmético y como opio, de igual manera que pueden serlo todos los valores, es una auténtica necesidad para las empresas y para la sociedad, como lo han ido mostrando sobradas razones desde su nacimiento"* (p. 77), opinión que es compartida por muchos autores en nuestros días.

Fontrodona Felip *et al.* (2010: 179) afirman que la ética *"no es algo puramente extrínseco que constriñe la actividad empresarial, ni algo que pertenece al ámbito privado del directivo, ni una justificación de la creación de riqueza generada por la actividad empresarial; la ética es condición necesaria de la existencia de la empresa y de su correcto funcionamiento. Constituye, por encima de todo, un motivador para hacer las cosas mejor y una guía en el proceso de hacerlas. La ética es una llamada continua a la excelencia individual y empresarial"*.

En este sentido y como dimensión de la realidad humana, la ética no puede quedar al margen de ninguna actividad (Lozano, 2011: 25) y mucho menos de la actividad empresarial como ha quedado patente, por ejemplo, al estudiar las diferentes crisis financieras que han acontecido en nuestro planeta, cuyo exponente más reciente ha sido la crisis financiera de 2008. Así y como señalan Goodpaster y Matthews (1982: 3), la empresa puede y debe tener conciencia, y el lenguaje de la ética tiene un lugar dentro del vocabulario de una organización, siendo la empresa ni más ni menos responsable moralmente que un ser humano. Aunque esta opinión no es compartida universalmente por todos los investigadores, lo cierto es que las empresas están formadas y dirigidas por seres humanos, o ¿un ser humano al entrar en una organización deja de serlo?

Brealey *et al.* (2007: 24) afirman que no hay un conflicto irresoluble entre la ética y la maximización del valor de la empresa como objetivo financiero, pues la vía más segura hacia el incremento del valor de una empresa comienza con los productos y los servicios que ofrecen a los clientes. Gozar de buena reputación entre los clientes, empleados y demás interesados es muy importante para la rentabilidad y el valor de la empresa a largo plazo. En términos similares, se pronuncia Cuervo (2008: 100), al señalar que la maximización del beneficio no es necesariamente incompatible con un comportamiento ético o socialmente responsable por parte de la empresa, al contrario, afirma que *"los comportamientos irresponsables o poco éticos impiden la rentabilidad y viabilidad de la empresa a largo plazo"* y además minan la eficiencia y confianza del sistema económico en su conjunto.

Es especialmente significativo que en la configuración de los sistemas de control interno de organizaciones como las propias empresas esté ampliamente reconocida la importancia de los aspectos éticos. Por ejemplo, el modelo del Informe COSO (COSO, 1992) establece como componente esencial y primario de todo sistema de control interno la existencia de un entorno de control que marque las pautas de comportamiento de la organización e influya en la concienciación de sus empleados respecto al control, siendo la base de todos los demás componentes del control interno, aportando disciplina y estructura. Los factores del entorno de control incluyen aspectos como la integridad, los valores éticos y la capacidad de los empleados de la entidad, la filosofía de dirección y el estilo de dirección; la manera en que la dirección asigna la autoridad y las responsabilidades y organiza y desarrolla profesionalmente a sus empleados y la atención y orientación que proporciona el consejo de administración.

En lo que respecta a los valores éticos, el modelo COSO establece que la dirección ha de ser capaz de transmitir el mensaje de que la integridad y los valores éticos no pueden, bajo ninguna circunstancia, ser contravenidos y los empleados deben captar y entender ese mensaje; y no solo eso: también la dirección ha de demostrar continuamente a través de sus actos su compromiso efectivo con los valores éticos preconizados. Un factor que dificulta el establecimiento de valores éticos es la existencia de conflictos de intereses. Por ejemplo, la producción de ciertos bienes puede acarrear problemas ambientales que exijan sacrificios por parte de la gerencia, los propietarios y los empleados, con lo que la búsqueda de soluciones que satisfagan a todas las partes es difícil. Así mismo, debe analizarse la existencia efectiva de códigos de conducta u otras políticas relacionadas con las prácticas profesionales aceptables, incompatibilidades o pautas esperadas de comportamiento ético y moral; así como con la forma en que se llevan a cabo las negociaciones con los grupos de interés relevantes (por ejemplo, si la dirección lleva a cabo sus actividades empresariales con un alto nivel ético e insiste en que los demás hagan lo mismo o presta poca atención a los temas éticos). Tampoco debe olvidarse la posible existencia de presiones para alcanzar objetivos de rendimiento poco realistas relacionadas con la remuneración.

Una cualidad asociada al comportamiento ético es la reputación corporativa, que se podría definir como la imagen que de una organización se han formado los demás, de acuerdo con su comportamiento en el pasado, y que constituye la base para predecir su comportamiento en el futuro.

La reputación es uno de los activos más importantes que poseen las empresas, y por ello, *"jugar limpio y mantener la palabra equivalen, sencillamente, a la buena práctica profesional"* (Brealey *et al.*, 2007: 14). Además, es muy importante tener presente que el mecanismo de la reputación ha sido tradicionalmente uno de los más importantes medios de asegurar el cumplimiento de los contratos. Cuanto más fuerte sea la reputación de una empresa, más reticente será la misma a arriesgarla, por tanto, la reputación se podría entender como una promesa intangible de la firma de que no va a actuar de manera oportunista ante un acontecimiento imprevisto. Una empresa con buena reputación puede aumentar considerablemente la confianza que depositan los demás en ella.

La reputación cimentada sobre el comportamiento ético y socialmente responsable de la empresa reporta múltiples ventajas que inciden sobre la capacidad de la misma para crear valor. Según Cuervo (2008: 107) y Lozano (2011: 26):

a) reduce la exposición a reclamaciones legales;
b) mejora la posición competitiva, ya que puede atraer y retener a clientes rentables, a directivos y empleados capaces, a proveedores y socios industriales y también recursos financieros de fondos éticos e inversores institucionales que primen la responsabilidad social[1] ;
c) mejora la posición contractual, ya que puede negociar en términos más favorables y utilizar las inversiones no recuperables realizadas en materia de responsabilidad social y la reputación ganada como garantías en los intercambios, ahorrando costes de transacción; y,
d) puede evitar situaciones de corrupción.

Al contrario, los comportamientos no éticos en los negocios reducen el valor de la empresa al minar su reputación, afectando su pérdida a todas las relaciones contractuales de la compañía, reduciendo y encareciendo los costes de transacción de todas las oportunidades de intercambio, tanto con clientes como con inversores o empleados (Cuervo, 2008: 113). Por ello muchas empresas elaboran códigos a fin de

---

[1] Una de las definiciones más citadas para definir la responsabilidad social corporativa (RSC) o responsabilidad social empresarial o de la empresa (RSE) es la recogida en el Libro Verde de la Comisión Europea (2001) que la define como: *"la integración voluntaria, por parte de las empresas, de las preocupaciones sociales y medioambientales en sus operaciones comerciales y sus relaciones con sus interlocutores."*

promover y conseguir un comportamiento ético de todos sus trabajadores.

Todas las empresas deberían tener un código de valores éticos y conseguir que sus empleados, de cualquier nivel, alto, intermedio o bajo, compartan esos valores y realicen su trabajo teniéndolos presente, y que en el proceso de toma de decisiones consideren la ética como un criterio más, como tienen en cuenta, por ejemplo, variables económicas, técnicas o legales. La actividad empresarial diaria de una empresa y su propia imagen como empresa terminarán más pronto o más tarde reflejando los valores éticos imperante en la misma.

Lozano (2011: 161) propone que la libertad, la solidaridad, el respeto y el diálogo sean los componentes del sustrato sobre el que ha de asentarse un código ético. Los códigos éticos establecen las normas de conducta que han de regir el comportamiento individual, tanto en el ámbito interno de la empresa como en sus relaciones externas con los proveedores, clientes, acreedores, administraciones públicas, etc. Estos códigos parecen constituir *"una señal claramente visible de que una organización es consciente de la necesidad de un comportamiento ético y por lo tanto representan una importante herramienta de gestión de la responsabilidad social empresarial o corporativa"* (Ayuso y Garolera, 2012: 2). Normalmente, suelen incidir en aspectos tales como:

a) cumplimiento de las leyes;
b) corrupción y sobornos;
c) violencia y acoso;
d) no discriminación;

e) honestidad e integridad en el trato con clientes y proveedores;

f) protección de la información de la empresa;

g) no hacer uso incorrecto de información confidencial (de clientes, de empleados, etc.);

h) uso correcto de los recursos de la empresa;

i) salud y seguridad laboral;

j) pautas para evitar y resolver conflictos de interés dentro de la empresa; y,

k) respeto y protección de cuestiones medioambientales.

La eficacia de estos códigos depende en gran parte del proceso de elaboración del mismo y de la integración de la cultura ética en el día a día de la organización. Sin una serie de condiciones necesarias para lograr la eficacia del código, esta herramienta puede quedarse en un mero ejercicio de relaciones públicas. Por ello, su elaboración debe basarse en un proceso participativo y dialogado en el que todos y cada uno de los miembros de la organización vayan tomando conciencia de las responsabilidades que se van a asumir si deciden que la empresa haga público un determinado código ético (Lozano, 2011: 157, 159). El objetivo de la empresa al establecer un código ético es crear una cultura donde se dificulten las conductas deshonestas y se marque el camino a seguir por todos los miembros de la organización, pero es obvio que los códigos éticos no evitan los casos de corrupción ni las conductas deshonestas de quienes están determinados a cometerlas (p. 159).

La existencia de códigos éticos en las empresas ayuda a mejorar la imagen y la credibilidad pública de las mismas, siendo un buen incentivo para que las empresas decidan elaborarlos. No obstante, las empresas deben ser conscientes de los riesgos de prometer algo que no se pueda cumplir, pues en caso de no cumplirlo el descrédito es mucho mayor, ya que *"un código ético es fundamentalmente un compromiso público"*, por ello el código que se elabore debe ser realista y coherente (Lozano, 2011: 157, 159) y es sabido que en el mercado impactan con más fuerzas las noticias negativas que las positivas, las cuales en muchas ocasiones incluso pueden pasar casi desapercibidas. En este sentido, la credibilidad de un código de conducta no depende solo de los temas que abarca, sino también de los esfuerzos realizados para implantar el código en la práctica (Ayuso y Garolera, 2012: 26). El cuadro 1 recoge un extracto del código de conducta de una empresa.

3.3. Igualdad de oportunidades
GAMESA con el fin de garantizar la igualdad de oportunidades y evitar cualquier tipo de discriminación se compromete:
a) A que la selección y promoción de los empleados de GAMESA se desarrolle sobre la base exclusiva del principio del mérito y en atención a los requisitos de capacidad precisos en cada caso y, en particular, la igualdad de trato entre hombres y mujeres.
b) Al desarrollo de una adecuada política de formación personal y profesional de sus empleados, fomentando un ambiente en el que la igualdad de oportunidades llegue a cada uno de ellos asegurando la no discriminación por razón de raza, sexo, ideología, nacionalidad, discapacidad, creencia o cualquier otra condición personal, física o social, y rechazando cualquier manifestación de acoso o cualquier otra conducta que genere un entorno intimidatorio u ofensivo con los derechos personales de los mismos.
Los empleados de GAMESA deberán participar de manera activa en los planes de formación que GAMESA ponga a su disposición, implicándose en su propio desarrollo y comprometiéndose, en el marco de dichos planes, a mantener actualizados los conocimientos y competencias necesarias, con el fin de propiciar su progreso profesional y aportar valor a los clientes, accionistas de GAMESA y a la sociedad en general.

Cuadro 1. Código de Conducta Gamesa Corporación Tecnológica, SA

(2009)

El estudio empírico realizado por Ayuso y Garolera (2012) sobre el contenido de los códigos éticos de empresas españolas aporta resultados de gran interés para conseguir un mayor conocimiento sobre los mismos, destacando los siguientes resultados:

a) La gran mayoría de los códigos analizados son documentos de acceso público (88%) generalmente disponibles en la web corporativa, y solamente en un 12% de los casos se trata de documentos confidenciales de difusión interna. Estos códigos suelen integrar tres elementos: valores y principios, responsabilidades con los grupos de interés y normas de conducta para los empleados.

b) Con respecto a los títulos de los códigos, se observa que algunas empresas utilizan el término *"código ético"* (36%) mientras que otras prefieren el término *"código de conducta"* (31%) o la combinación de ambos, por ejemplo, *"código ético y de conducta"* (24%). Un 9% emplea otros conceptos como principios y valores, normas de actuación o código de responsabilidad social empresarial.

c) Los códigos analizados van dirigidos a todo el personal de la empresa, directivos y empleados. Su extensión varía sustancialmente desde 1 a 66 páginas, siendo el promedio 14 páginas. Entre los códigos que indican el año de su elaboración, se observa que la mayoría entró en vigor a partir del año 2007 (68%), con lo cual es un fenómeno relativamente nuevo en España.

d) Al revisar la declaración de valores incluida en los códigos de conducta, se observa que la responsabilidad es el valor más mencionado con un 55%, seguido del respeto (53%) y la transparencia (52%). Le siguen el trabajo en equipo (43%), la innovación/creatividad (38%), la integridad (36%), la igualdad (33%), la confidencialidad (29%) y la profesionalidad (28%). Otros valores como eficiencia, compromiso, calidad, honestidad, confianza y motivación son citados en menor medida. En definitiva, se aprecia claramente que los códigos de conducta hacen más referencia a valores de carácter ético (responsabilidad, respeto, transparencia, integridad e igualdad) que a valores de carácter estratégico (trabajo en equipo, innovación/creatividad, confidencialidad y profesionalidad); si bien por sectores los códigos de conducta de la construcción, consultoría y utilidades hacen más referencia a valores éticos que estratégicos, mientras que el de servicios financieros prioriza más los valores estratégicos.

e) En relación a los grupos de interés o *stakeholders* que más dedicación reciben en los códigos en función de la frecuencia con la que se mencionan las responsabilidades hacia cada uno de ellos, destaca que la gran mayoría de códigos incluye el compromiso con empleados, clientes y medio ambiente; alrededor de la mitad considera la relación con proveedores/distribuidores, sociedad y accionistas, y solo una quinta parte de los documentos hace mención al comportamiento hacia la competencia. De acuerdo con estas orientaciones, los compromisos mencionados con más frecuencia son la no discriminación hacia los empleados (83%), la prevención de riesgos laborales (79%), la oferta de productos/servicios de calidad a los clientes (72%), el trato digno y el respeto de los empleados (67%) y la prevención, preservación y restauración del medio ambiente (64%). Además, cabe señalar el compromiso muy generalizado entre las empresas de cumplir con la legalidad vigente (86%).

f) En cuanto a la conducta que deben tener los empleados, las normas más mencionadas son la no discriminación (78%), la prohibición de filtrar información confidencial (76%), la prohibición de la corrupción o soborno y el respeto mutuo (ambos 74%) y el evitar los conflictos de interés (64%). Sólo el 3% de la muestra de códigos éticos analizada presenta normas referidas al *mobbing* y tales normas sólo aparecen en algunos sectores.

g) Las empresas españolas siguen el enfoque característico de las empresas europeas, poniendo el acento en la responsabilidad corporativa con los diferentes *stakeholders*. Al mismo tiempo, cabe destacar que las empresas grandes combinan este enfoque con un planteamiento más cercano al modelo estadounidense, detallando la conducta deseable de los empleados.

h) Las empresas grandes son las más inclinadas a elaborar un código ético, presumiblemente por su mayor visibilidad y presión recibida por diversos *stakeholders*. Además, las empresas grandes generalmente prescriben más normas y reglas de comportamiento que las empresas micro, pequeñas y medianas.

Conseguir hacer realidad un entorno de excelencia ética en una empresa requiere por parte de la misma que invierta en tiempo, capacidades y recursos en un proceso en el que gradualmente los miembros de la organización vayan interiorizando estas ideas, al mismo tiempo que vayan adquiriendo los hábitos y virtudes necesarios para llevarlas a cabo; por tanto, *"el camino hacia la excelencia ética de una organización se puede entender como un proceso de cambio"* en la misma (Fontrodona Felip *et al.*, 2010: 161).

Para llevar a cabo este proceso de cambio organizacional, según estos autores, se deberían formular las siguientes preguntas clave:

a) ¿por qué cambiar?,

b) ¿para qué cambiar?, y

c) ¿hacia dónde se dirige el cambio?

Estas cuestiones deben ser conocidas y respondidas, en primer lugar por quienes dirigen la organización, ya que los directivos de las empresas son los primeros responsables de que se dé una mayor o menor calidad ética en la organización, pues de la idea que ellos tengan de la ética y del lugar que en la empresa debe ocupar la misma, dependerá que se fomente o no el cambio hacia la calidad ética en la organización. No obstante, aunque ellos deban ser los impulsores naturales del cambio, esta tarea corresponde a todos los miembros de la organización, puesto que al fin y al cabo lo que se pretende es que sean estos quienes, adquiriendo nuevos hábitos de conducta, mejoren como personas y como profesionales, y contribuyan así a la mejora de la sociedad en la que operan (p. 162).

Por tanto, este proceso de cambio encaminado a la consecución de la calidad ética de una organización será una realidad siempre que se tenga clara la visión de la ética que se persigue (es decir, que se haga explícito el papel que desempeña la ética en la organización), se desarrolle un plan para lograrla, se incentive su búsqueda (es muy importante que los miembros de la organización quieran el cambio), se dote de los recursos necesarios y se permita el desarrollo de las competencias y habilidades requeridas (tan importante como saber lo que se persigue y querer obtenerlo, es poder conseguirlo al contar con los medios precisos para ello) (pp. 162-163, 171).

En la actualidad, en el mundo de los negocios existe una fuerte inclinación hacia todas aquellas actividades cuyos resultados sean cuantificables en el corto plazo, por tanto, puede resultar muy complejo convencer de la importancia de la dimensión ética de la empresa a los encargados de distribuir los recursos financieros de la misma. Pero evidentemente, si las personas que gobiernan las organizaciones no dedican recursos a llevar a cabo procesos de cambio encaminados hacia la mejora ética de la organización, no podrán después exigir comportamientos de calidad ética en los que no se han implicado previamente. La inversión en mejorar la ética de la firma no siempre es capitalizable en el corto plazo, *"pero quien no la lleva a cabo no puede reclamar comportamientos de excelencia si no la ha dotado de los recursos necesarios para lograrla"* (Fontrodona

Felip *et al.*, 2010: 170), ni tampoco los beneficios procedentes de la misma.

Las empresas son responsables de sus acciones pero, normalmente, se olvidan de que también lo son de aquéllas que teniendo obligación de llevarlas a cabo no las ejecutan. Las consecuencias de las omisiones tarde o temprano tendrán su impacto y terminarán perjudicando a la reputación de la empresa y por consiguiente incidiendo de forma negativa en el objetivo financiero de maximizar el valor de la empresa.

La dirección de la empresa *"debe ocuparse no solo de la producción eficiente de bienes y servicios, sino principalmente de cómo, a través de estos bienes y servicios, las acciones de los directivos y de quienes trabajan en la empresa influyen en ellos mismos y en todos aquellos que se ven afectados por sus acciones. La ética ayuda a ampliar el punto de vista de lo que es la empresa, de modo que, junto a la aportación de recursos y a los procesos de transformación de esos recursos en bienes y servicios que se ponen a disposición de la sociedad, se dé importancia a los sujetos, que son los que aportan estos recursos, intervienen en los procesos de producción y distribución, y, finalmente, disfrutan de estos bienes y servicios"* (Fontrodona Felip *et al.*, 2010: 178-179).

Milton Friedman en 1970 publicó un controvertido artículo en el que trataba el tema de la responsabilidad social de la empresa. En él afirmaba que la empresa sólo tiene *"una y sólo una responsabilidad social que es la de incrementar sus beneficios"* actuando por supuesto dentro del marco que establece la ley, y en cuanto a la labor de los directivos, señalaba que ésta queda limitada a conseguir el máximo beneficio para los dueños de la empresa dentro del marco de las normas básicas de la sociedad. A lo que añadía que sólo el ser humano tiene responsabilidades y no las empresas (pp. 32-33). A pesar de todo lo anterior y de las lecturas interesadas que se han hecho de ese trabajo, Friedman sí considera que debe existir un comportamiento ético en los negocios, ya que afirma que la empresa debe realizar sus actividades sin recurrir al engaño o al fraude y que los directivos en el ejercicio de sus actividades deben respetar las costumbres éticas imperantes en la sociedad.

La ética empresarial es un tema relevante y preocupante tanto en épocas de bonanza como en épocas de crisis, pero estas últimas merecen una especial atención, pues puede ocurrir que las empresas caigan en la tentación de dejar a un lado las consideraciones éticas en el desarrollo de su actividad diaria con el pensamiento, tal vez, de volver a ellas cuando se vuelva a una situación de bonanza. Esta forma de actuar responde a *"la creencia errónea de que la ética y la eficacia son cuestiones incompatibles entre sí. Esta es una actitud equivocada, pues, aunque en la práctica pueden darse situaciones aisladas en las que la ética y la eficacia entren en conflicto, en el funcionamiento regular de las empresas son dimensiones que se complementan y potencian"* (Iranzo, 2004: 269).

Las épocas de crisis proporcionan una gran oportunidad para comprobar si realmente la empresa tiene un compromiso con la ética o, por si el contrario, su interés en mantener una estrategia ética está relacionada con otros motivos tales como mejorar su imagen ante los grupos de interés. Aquellas que en momentos difíciles sigan manteniendo su compromiso con la ética como publicaban en épocas de bonanza serán las que *"realmente"* han decidido apostar por la ética en su actividad diaria con independencia de la situación económica que estén atravesando.

La ética debe estar presente en todas las actividades de la empresa y la elaboración de códigos éticos, memorias de sostenibilidad o memorias de responsabilidad social corporativa y códigos de buen gobierno corporativo[2] ayudan a conseguir que poco a poco, lentamente, se vaya haciendo realidad la idea de que las empresas y las personas que la forman realicen todas sus actividades teniendo en cuenta criterios y valores éticos.

---

[2] El gobierno corporativo se puede definir como el conjunto de relaciones entre los diferentes integrantes de la empresa que determina y define el estilo de gestión de la empresa. Los factores institucionales determinantes del modelo de gobierno corporativo son: el sistema legal, el sistema financiero y la estructura de propiedad. Una manifestación del gobierno corporativo son los códigos de buen gobierno que pretenden mejorar la eficacia de los órganos de gobierno de la empresa, especialmente de los consejos de administración (su composición, estructura y tareas que ha de desempeñar). Por su parte, el informe de gobierno corporativo tiene como propósito facilitar información completa y razonada sobre las prácticas de gobierno corporativo de las compañías, para que los inversores y otros usuarios puedan formarse una opinión fundada. En España lo tienen que elaborar anualmente, de forma obligatoria, todas las empresas cotizadas.

1.2. Los problemas éticos en la gestión de las organizaciones

A lo largo de la vida de una empresa se pueden presentar distintos problemas éticos que han de ser afrontados y solucionados para la buena marcha de la organización, ya que, más tarde o más temprano terminarán afectando a la firma. Por tanto, la empresa les debe dar una solución aunque sean tan complejos que involucren, por ejemplo, a altos directivos de la empresa o a una cantidad considerable de empleados. Si la empresa no es capaz de solucionarlos, no puede, o bien, *"considera que no es un problema"*, las autoridades correspondientes, nacionales o internacionales, tienen la responsabilidad de buscar la solución.

Los problemas éticos pueden acontecer en cualquiera de los departamentos de la empresa. Así, pueden presentarse en el departamento financiero (desgraciadamente muy frecuente en los últimos tiempos), pero también en otros como en el de marketing, recursos humanos, etc.

Lozano (2011: 94-95) señala que un problema ético *"es una situación, conjunto de hechos o circunstancias que tiene que ver con la acción humana en espacios de libertad y con las consecuencias que genera para la vida de otras personas dicha acción"*. Es decir, que se puede hablar de problema ético cuando:

a) entra en juego la acción humana, por acción u omisión; y,

b) la ética sitúa en el centro a las personas y a los efectos, ya sean directos o indirectos, sobre su vida.

Y en cuanto a la solución al problema ético, el citado autor indica que la misma tiene que ser realista, posible, realizable y ética. También señala que al ser un problema ético, éste debe ser resuelto por los protagonistas (nadie puede tomar decisiones éticas por otra persona) (p. 96), pero lo cierto es que este tipo de problema es muy complejo y la intervención de la justicia, en muchos casos, se hace inevitable para poder solucionarlos.

Un matiz importante al tratar la cuestión de la ética es que legalidad y ética no son lo mismo, pues es posible actuar en contra de la ética y hacerlo dentro del marco legal establecido en un país determinado, por lo que una empresa no puede utilizar el argumento de que cumple estrictamente las leyes vigentes para afirmar que su comportamiento empresarial en determinadas jurisdicciones o territorios es ético. Por ello, hay que tener presente que ética y ley no siempre coinciden, pues en ocasiones se puede producir el hecho de que un acto sea legal pero atente contra la dignidad humana o contra valores éticos (por ejemplo, las campañas de exterminio de etnias contrarias a la que pertenece el dictador del país puestas en marcha con su consentimiento), pero también puede ocurrir lo contrario, es decir, que determinados valores éticos o morales puedan ser ilegales (por ejemplo, la libertad de expresión o de asociación en regímenes dictatoriales). Lo ideal sería que ética y ley coincidieran, tal vez con el paso de los siglos el ser humano lo consiga, ya que, a lo largo de su existencia en este planeta ha conseguido logros que parecían inalcanzables.

Los problemas éticos que se pueden presentar en una organización se pueden clasificar atendiendo al criterio de si los agentes involucrados en ellos son externos o internos a la empresa. Así, siguiendo a Lozano (2011: 119) se pueden distinguir:

a) Problemas éticos en la gestión de empresas de dimensión externa. Son aquéllos que suelen acontecer a la empresa en su relación con los grupos externos a la misma, tales como, consumidores, gobierno o comunidades locales. Entre este tipo de problemas se pueden citar: la sostenibilidad y el impacto ambiental, la corrupción, el impacto de la publicidad (cómo se comunican), la relación con las comunidades y con los gobiernos (cómo se relacionan) e implicaciones en la política del país (cómo se implican).

b) Problemas éticos en la gestión de empresas de dimensión interna. Son aquéllos que están vinculados a las relaciones que se producen entre los miembros de la organización en su seno interno. Entre este tipo de problemas éticos se pueden citar: el acoso psicológico en el trabajo o *mobbing*, la discriminación, la falta de equidad en la recompensa por el trabajo realizado y la falta de privacidad y confidencialidad de la información.

En los siguientes capítulos se aborda el estudio de un problema ético concreto en la gestión de empresas que se ha clasificado dentro de la dimensión interna de la misma como es el *mobbing* o acoso psicológico en el trabajo.

Capítulo 2

Aspectos generales del *mobbing*

"—No te figures que vas a salvarte, Winston, aunque te rindas a nosotros por completo... Y aunque decidiéramos dejarte vivir el tiempo de tu vida natural, nunca te escaparás de nosotros. Lo que te está ocurriendo aquí es para siempre. Es preciso que se te grabe de una vez para siempre. Te aplastaremos hasta tal punto que no podrás recobrar tu antigua forma. Te sucederán cosas de las que no te recobrarás aunque vivas mil años. Nunca podrás experimentar de nuevo un sentimiento humano. Todo habrá muerto en tu interior."

George Orwell

1984

2.1. Definición de *mobbing*

El acoso psicológico en el trabajo también es conocido a través del término inglés *mobbing*. Pero existen muchas otras denominaciones para designar este problema ético de las organizaciones, tales como: psicoterror, hostigamiento laboral, persecución encubierta, maltrato psicológico en el trabajo, violencia psíquica, terrorismo psicológico, acoso laboral y acoso moral.

El término *mobbing* aplicado al medio laboral es introducido por Leymann y Gustavson (1984), aunque ya había sido utilizado por vez primera por el etólogo Konrad Lorenz (1966) al observar el comportamiento de determinadas especies animales, constatando que en ciertos casos los individuos más débiles del grupo se unían y desarrollaban una conducta defensiva para atacar a otro más fuerte. Para definir esta situación se utilizó el verbo inglés *"to mob"* que se suele traducir por atacar, maltratar o asediar; es curioso que Mob en inglés signifique mafia.

Heinz Leymann ha sido el principal investigador y divulgador de este fenómeno. Debido a la influencia de Leymann, el interés por el acoso psicológico en el trabajo se desarrolló inicialmente en Suecia a partir de la segunda mitad de los años ochenta, posteriormente en los restantes países escandinavos como Noruega y Finlandia y, más tarde, en Alemania y Austria. Casi paralelamente se iniciaron trabajos en el Reino Unido extendiéndose luego a países mediterráneos como Francia, Italia, Grecia y España.

El *mobbing* no debe confundirse con la conflictividad cotidiana que se da en todos los ambientes debido a las tensiones y a la convivencia forzada en espacios restringidos (Sánchez Cabaco, 1999: 238), el *mobbing* es mucho más que eso. El *mobbing* se puede describir de distintas formas por lo que a continuación se recogen algunas de las definiciones más relevantes para comprender su significado.

Leymann (1996a: 27, 40, 41) considera que el *mobbing* implica comportamientos o comunicaciones hostiles e inmorales que son dirigidas de forma sistemática y recurrente por uno o varios individuos hacia principalmente un solo individuo (el objetivo), con la finalidad de destruir sus redes de comunicación, su reputación, perturbar el ejercicio de su trabajo y lograr finalmente que abandone el lugar de trabajo; estas acciones se producen con una frecuencia de, al menos, una vez por semana y con una duración mínima de seis meses. *"Debido a la alta frecuencia y a la larga duración de este comportamiento hostil,*

El mobbing no puede ser un crimen perfecto

este maltrato se traduce en una considerable miseria psicológica, psicosomática y social" (Leymann, 1996b: 168).

Para Hirigoyen (2001: 19) es *"toda conducta abusiva (gesto, palabra, comportamiento, actitud,...) que atenta, por su repetición o sistematización, contra la dignidad o la integridad psíquica o física de una persona, poniendo en peligro su empleo o degradando el ambiente de trabajo".*

Según González Navarro (2002: 176) se puede definir este tipo de acoso como una *"relación jurídica de conflicto nacida del ejercicio ilegítimo, continuado y sistemático, por una o varias personas, de un poder "conformador" o "domesticador" sobre otra persona (o sobre varias, en su caso) con el propósito de domeñar o, subsidiariamente, de destruir el alma del sometido a ese poder, haciéndole la vida imposible en el seno de la organización a la que pertenecen ambas partes, cualesquiera que fuere la posición orgánica que ocupe cada una en esa organización y el nivel de perturbación anímica que llegue a sufrir el acosado".*

Piñuel y Zabala y Oñate Cantero (2003: 3) consideran que el *mobbing* consiste en *"el continuado y deliberado maltrato verbal y modal que recibe un trabajador por parte de otro u otros, que se comportan con él cruelmente con el objeto de lograr su aniquilación o destrucción psicológica y obtener su salida de la organización a través de diferentes procedimientos ilegales, ilícitos, o ajenos a un trato respetuoso o humanitario y que atentan contra la dignidad del trabajador".*

Estas definiciones nos permiten obtener conclusiones importantes respecto a lo que se ha de considerar *mobbing*:

1. Comportamientos reiterativos de violencia psicológica.
2. Intención de causar un daño psíquico.
3. Perjudicar la actividad laboral de la víctima.

Teniendo presente estos aspectos se podría definir el *mobbing* en los siguientes términos: *"comportamientos reiterativos de violencia psicológica de una/s persona/s hacia otra con la intención de causar un daño psíquico intencionado perjudicando su actividad laboral en la empresa".*

El *mobbing* no es un acto puntual o aislado, una impertinencia dicha una vez es y sigue siendo una impertinencia pero, como afirma Leymann (1996a: 27), si se repite cada día, durante semanas, entonces hablamos de *mobbing*. Es una violencia psicológica continuada en el tiempo, que lleva a la víctima a tener verdadero pánico a llegar a su lugar de trabajo. Pero lo peor es que su mente está siempre en su lugar de trabajo, incluso cuando duerme.

El *mobbing* supone el desconocimiento o desprecio de la dignidad de la víctima, la cual ve rebajada la consideración que merece no sólo como profesional sino también como persona. En el *mobbing* no se produce el proceso de *"todos contra todos"* sino de *"todos contra uno"*.

Un trabajador puede recibir de su jefe o de sus compañeros comentarios realmente ofensivos a la largo de su vida laboral, pero tiene que saber diferenciarlo del *mobbing*, ya que si se producen de forma aislada, en un momento puntual, no es realmente acoso psicológico en el trabajo pero no por ello son tolerables, son comentarios inapropiados. A continuación se recogen ejemplos de ese tipo de comentarios inapropiados:

El jefe aprovecha la ocasión en que el marido de una de sus empleadas ha venido a buscarla a la salida del trabajo y dirigiéndose a él le dice:

"—Yo la vi primero pero he decidido dejártela para ti."

El jefe entra en el despacho de una empleada y le apunta:

"—Tú comes todos los días gracias a que yo decidí contratarte porque a ti nadie te querría para su empresa."

Son comentarios realmente ofensivos, pero si son de forma aislada, puntuales, no constituyen *mobbing* pero un jefe que es capaz de este tipo de actos puede convertirse en un acosador.

El *mobbing*, como se ha indicado, es un acoso continuado en el tiempo. Ejemplos de situaciones y comentarios que sufre una víctima de *mobbing* se recogen a continuación:

Marta llega puntual a su puesto de trabajo por la mañana y cuando está revisando un documento especialmente importante su jefa entra en el despacho y le dice:

"—Si me visto este año de payaso en carnavales te voy a pedir esa ropa que llevas."

Más tarde, en la reunión de trabajo que se celebra dos horas después y durante el debate de dicho documento, cada vez que Marta habla la jefa le responde:

"—¡Cállate, tú no lo entiendes!. Pero ¿en qué universidad has estudiado tú? ¡No sabes hacer la o con un canuto!"

El mobbing no puede ser un crimen perfecto

Tras varias horas en su despacho realizando diversas gestiones, Marta consigue bajar un momento a la cafetería y vuelve a encontrarse con su jefa. Ésta clama en voz alta, para que todos la oigan:

"—Te pasas todo el día aquí y yendo al cuarto de baño, no haces otra cosa. Afortunadamente el resto de tus compañeros no son como tú."

Termina el día y la víctima se va a su casa, creyendo que allí está a salvo, pero no es así, a las cinco de la mañana suena el teléfono. Es su jefa:

"—No puedes ir a ese congreso en Alemania al que ibas a ir, ni tampoco a los cursos de formación a los que pensabas asistir este mes, ahora la que tiene que hacer todo eso soy yo, tú tienes bastante con tener un puesto fijo en esta empresa, pero nada más."

Durante los días siguientes tanto el jefe de su jefa como ésta se turnan en las acciones de acoso a Marta. Una mañana el jefe llama a su despacho a Marta y le dice:

"—No me han invitado al congreso de Cuba pero me he enterado que a ti sí, si vas no te daré ese ascenso que llevas pidiendo cinco años y que ahora había decidido dártelo."

Más tarde la jefa se encuentra con Marta y vuelve a hacerle comentarios sobre su vestimenta:

"—¿Esa ropa no es la misma que ayer? ¿No te cambias nunca de ropa? ¡Vas siempre vestida igual!"

Marta se encierra en su despacho para terminar de preparar la puesta en marcha de un proyecto diseñado por ella que ha tenido el visto bueno de la alta dirección, lo que le ha permitido captar fondos de socios externos, y acude a una reunión de trabajo con el equipo que, por motivos administrativos, es presidido por su jefa. Tras echarle un rápido vistazo a la documentación, ésta le dice a Marta:

"—En este proyecto que estamos trabajando actualmente tu trabajo ha sido muy malo, así que la parte en dinero que te corresponde te la voy a reducir un 75% y se lo voy a dar al resto del equipo y, además, serás eliminada de los demás proyectos que hagamos."

Al volver a su despacho Marta se encuentra sobre la mesa una invitación para una comida de empresa en horario de trabajo pero, como siempre, se celebra en una fecha y hora que su jefe sabe que ella no puede acudir, a pesar de que él sabe que en ese tiempo ella siempre tiene reuniones de presentación programadas con grupos de clientes. Marta va a ver a su jefe para recordárselo y como respuesta recibe:

"—Es muy difícil tener en cuenta todos los horarios y circunstancias de todos los compañeros. No obstante, si sigues interesada en asistir, considero que la solución es relativamente sencilla: si retrasas la reunión podrás asistir a la comida y celebrar la reunión sin que nadie se sienta especialmente perjudicado."

Al insistir ella en que eso no lo puede hacer porque afectaría a la imagen de la empresa, el jefe le responde:

"—Para el próximo año lo tendré en cuenta pues este año queda como está."

Unas semanas más tarde Marta contrae matrimonio y haciendo uso de sus derechos recogidos en la regulación laboral vigente pide una excedencia para la luna de miel durante los días que legalmente le corresponden. Durante ese periodo su teléfono no para de sonar. Los cómplices del acosador la llaman continuamente para preguntarle cosas irrelevantes y a la vez exigirle de forma sibilina su incorporación rápida al puesto de trabajo:

"—¿Dónde puedo encontrar el informe del mes de enero de hace 10 años?"

"—¿Vas a usar todos los días que la ley te da? ¿Todos?"

"—¿Cuándo te incorporas?"

Por supuesto el jefe también llama pero el tono es de mayor calado:

"—Si sales de luna de miel fuera de la ciudad tendrás que presentarme por escrito de inmediato tu renuncia a cualquier ascenso en el futuro en esta empresa."

Cuando se tiene un cesto con manzanas y se observa que una de ellas está podrida se la retira para que no estropee al resto. En el mundo laboral, la actuación lógica sería eliminar al acosador de la empresa para que no contamine a ningún otro trabajador ¿no? Un acosador es una persona que tiene podrida su mente, su corazón y su alma, un mínimo de reflexión aconsejaría que la decisión lógica, racional, a tomar sería su eliminación de la empresa. Si el acosador permanece en la empresa, va a dirigir hacia la víctima de *mobbing* todo su poderío y *"le aniquilará todo rasgo de vitalidad y brillo personal"* (Rojas y Rodríguez, 2011: 18).

Teniendo presente lo señalado, no debe confundirse el término *mobbing* con el acoso sexual, el *burnout* ni con el estrés laboral.

El acoso sexual se puede definir como el que tiene por objeto obtener los favores sexuales de una persona cuando quien lo realiza abusa de su posición de superioridad sobre quien lo sufre.

Al síndrome de *burnout* también se le denomina *"síndrome de quemarse por el trabajo", "síndrome de desgaste profesional"* o *"síndrome de desgaste emocional"*. Se puede definir como una respuesta inadecuada a un estrés crónico que se caracteriza por tres síntomas: cansancio o agotamiento emocional, despersonalización o deshumanización y falta o disminución de realización personal en el trabajo. Este síndrome se da en aquellas personas que por la naturaleza de su trabajo han de mantener un contacto constante y directo con la gente, como son los trabajadores de la sanidad, de la educación o del ámbito social.

El estrés laboral se ha definido como el conjunto de reacciones emocionales, cognitivas, fisiológicas y del comportamiento a ciertos aspectos adversos o nocivos del contenido, el entorno o la organización del trabajo.

El *mobbing* tiene algunos paralelismos con el acoso escolar o *bullying* pero, siguiendo a Leymann (1996c: 3-4), no se puede afirmar que sean el mismo fenómeno ya que el *bullying* escolar está fuertemente caracterizado por actos físicamente agresivos y en el *mobbing* rara vez aparece la violencia física pues viene delimitado por actuaciones mucho más sofisticadas, cínicas. Por ello este autor propone utilizar el término *bullying* para las agresiones sociales entre niños y adolescentes en la escuela y el término *mobbing* para la conducta adulta.

No obstante lo anterior, los niños y adolescentes también utilizan los ataques psicológicos cuando desean destruir a su víctima. En cuanto a la violencia física en el caso del *mobbing*, ésta fundamentalmente se produciría de la víctima hacia su acosador y/o cómplices cuando ya ha perdido el control ante tantos ataques sufridos, agravando aún más su situación pues podría llegar a ser acusada legalmente de un delito ¡aunque la causa se encontrase en las provocaciones previas del acosador!

El motivo por el que un acosador inicia el proceso de *mobbing* es difícil de determinar; algunos autores piensan que nace como consecuencia de un conflicto profesional mal resuelto (Leymann, 1996a), debido a que no se ha conseguido establecer un conflicto (Hirigoyen, 2001), o más directamente porque se desea despedir a un trabajador y no se han encontrado causas objetivas para hacerlo (López Cabarcos y Vázquez Rodríguez, 2003). Pero, tal vez, el motivo por el que una persona ocasiona a otra un daño tan despreciable sea mucho más simple: el acosador *"ha descubierto"* a una persona que posee unas características que no puede soportar por lo que toma la decisión de eliminarla sin dejar huellas. Lo grave es que tales características son las que en una sociedad sana se utilizan para calificar a un individuo como *"buena persona"*.

El objetivo de la práctica del *mobbing* está muy claro: *"intimidar, apocar, reducir, aplanar, amedrentar y consumir emocional e intelectualmente a la víctima, con vistas a eliminarla de la organización o a satisfacer la necesidad insaciable de agredir, controlar, y destruir que suele presentar el hostigador, que aprovecha la ocasión que le brinda la situación organizativa particular (reorganización, reducción de costes, burocratización, cambios vertiginosos, etc.) para canalizar una serie de impulsos y tendencias psicopáticas"* (Piñuel y Zabala, 2001: 55).

El resultado último de este comportamiento hostil, intimidatorio y perturbador es el abandono del trabajo por parte de la víctima, la cual es considerada por sus agresores como una molestia o amenaza para sus intereses personales. El acosador tiene claro su objetivo: la destrucción de la víctima. Ante esto, la víctima debería conseguir tener claro también cual debe ser su objetivo ante este acoso psicológico que sufre: impedir que el acosador alcance su propósito (López Cabarcos y Vázquez Rodríguez, 2003: 201). Es obvio que este consejo es fácil de dar a la víctima, pero una víctima de acoso psicológico en el trabajo sabe también que, aunque es difícil conseguirlo, no le queda otro remedio que intentarlo si desea sobrevivir al *mobbing* y volver otra vez a vivir su vida (a la que tenía antes de cruzarse en el camino del acosador, triste día).

González Navarro (2002: 28, 139) al referirse al acoso psicológico en el trabajo o, como este autor prefiere llamarlo, acoso psíquico en el trabajo va un paso más allá al afirmar que constituye *"un atentado contra el alma del acosado"* pues la actuación del acosador *"va dirigida, de modo inmediato y directo, a domeñar –esto es, a someter, sujetar y rendir– el alma del acosado y, cuando esto no se puede conseguir, a destruir el alma del acosado, consciente de que lo demás se le dará por añadidura: "Puede que no consiga echarte, pero te haré la vida imposible en esta organización". Esta frase –llegue o no a pronunciarse– resume las intenciones del acosador".*

2.2. Estudios de población acerca del *mobbing*

La Fundación Europea para la mejora de las Condiciones de Vida y de Trabajo (EUROFOUND)[3] realizó en el año 2005 la cuarta encuesta europea[4] sobre las condiciones de trabajo considerando la información aportada por 31 países europeos. Los resultados obtenidos mostraban que 1 de cada 20 trabajadores (5%) habían sufrido acoso psicológico en el trabajo (4% de hombres y 6% de mujeres). Sin embargo, la quinta encuesta, realizada en el año 2010 considerando información de 34 países europeos, destaca que muchos países han incrementado tal porcentaje. Así, por ejemplo, Italia (que está situada en el grupo de países con menores tasas de acoso laboral) pasa de un 2% a un 8%, lo cual es concordante con la cuarta encuesta

---

[3] La Fundación Europea para la Mejora de las Condiciones de Vida y de Trabajo (EUROFOUND) es un organismo tripartito de la Unión Europea creado en 1975 para contribuir a la planificación y la creación de mejores condiciones de vida y de trabajo en Europa. De manera más concreta, evalúa y analiza las condiciones de vida y de trabajo, emite dictámenes autorizados y asesora a los responsables y principales actores de la política social, contribuye a la mejora de la calidad de vida e informa de la evolución y las tendencias en este ámbito, en particular de los factores de cambio.

[4] La primera encuesta correspondiente al período 1990-1991 ni siquiera consideraba esta cuestión. Estas encuestas se realizan cada 5 años.

en la que se decía que el *mobbing* iba en aumento con el paso de los años. Además se sigue observando que, por lo general, este problema afecta más a las mujeres que a los hombres.

España aparece en estas encuestas entre el bloque de países con menor porcentaje de acoso psicológico en el trabajo, aunque con valores ligeramente superiores a los de Italia (próximos al 5% en 2005 mientras que en 2010 la cifra se acercaba al 10%); los resultados de la quinta encuesta muestran que el acoso psicológico en el trabajo lo sufren casi por igual hombres y mujeres, en cambio según el cuarto estudio lo sufrían más los hombres (tendencia que no es la que presentan la mayoría de países).

La posición que ocupa España según esta encuesta no significa que el *mobbing* no sea un problema que haya que solucionar. En la quinta encuesta de EUROFOUND se menciona que la diferencia de porcentajes de *mobbing* entre países podría ser, tal vez, debida no al hecho de que no exista este problema en el país sino como consecuencia de diferencias culturales que pueden provocar que un mismo comportamiento sea considerado *mobbing* en un país y en otro no, o bien, a que la víctima, sabiendo que está siendo objeto de *mobbing*, considere que socialmente no es aceptable hacerlo público. Tanto una situación como la otra son, desde un punto de vista humano, inaceptables y sólo conducen a que los acosadores proliferen por doquier.

La primera herramienta que se utilizó para medir la incidencia del fenómeno del acoso psicológico en el trabajo en

España fue el Barómetro CISNEROS[5], saliendo a la luz en el año 2009 el Barómetro CISNEROS XI referido a la situación laboral española en 2008[6]. Este estudio pone de manifiesto que el acoso psicológico es una realidad para el 13,2% de los trabajadores en activo (más de 2,5 millones de trabajadores); y que en 3 años, la tasa de *mobbing* se ha incrementado en 4 puntos respecto a 2006, lo que supone un 43% más de casos. Más del 70% de los casos de *mobbing* se han iniciado dentro del último año, presentando las víctimas daños psicológicos aproximadamente en el 42% de los casos. En cuanto, al sexo de las víctimas, el porcentaje de hombres que sufren *mobbing* (15,80%) supera al de las mujeres (10,70%). También se hace constar en el informe que la crisis financiera obliga a muchos más trabajadores a someterse al maltrato psicológico en el trabajo.

Debe tenerse presente que el Barómetro CISNEROS y EUROFOUND son dos herramientas distintas de ahí que no coincidan los resultados cuantitativos que presentan aunque existen similitudes en cuanto a los resultados cualitativos,

---

[5] El Barómetro CISNEROS (Cuestionario Individual sobre PSicoterror, Negación, Estigmatización y Rechazo en Organizaciones Sociales) es un cuestionario elaborado por Iñaki Piñuel y Zabala en el año 2000, que se aplicó por primera vez en 2001, cuyo objetivo es sondear de manera periódica el estado y las consecuencias de la violencia en el entorno laboral de las organizaciones. Está integrado por una serie de escalas, estando una de ellas específicamente diseñada para evaluar las conductas de acoso psicológico, denominada escala Cisneros, la cual sigue las mismas pautas que el LIPT *(Leymann Inventory of Psychological Terrorization)* que fue elaborado por Heinz Leymann y es el primer cuestionario que se diseñó para evaluar el *mobbing*.

[6] Concretamente el estudio se realizó en los meses de octubre y noviembre de 2008, iniciada ya la crisis financiera.

pues ambos estudios ponen de manifiesto que es un fenómeno presente en el mundo laboral que desafortunadamente no disminuye con el paso de los años sino todo lo contrario va aumentando y parece haber encontrado un gran aliado en la crisis financiera de escala mundial iniciada en septiembre de 2008.

Un aspecto de especial interés, es la relación entre *mobbing* y género. En este sentido, los investigadores no han llegado a resultados concluyentes sobre el sexo que más sufre *mobbing*, aunque los estudios más recientes están apuntando que son las mujeres. Autores como Leymann (1996b: 175) consideran que no hay diferencias significativas entre ambos sexos, sin embargo la quinta encuesta de EUROFOUND, realizada en el año 2010 que recoge información de 34 países europeos, señala que este problema afecta más a las mujeres que a los hombres, tendencia que ya se había observado en la cuarta encuesta.

Para el caso concreto de España, el estudio realizado por Moreno Jiménez *et al.* (2005: 8) señala que el hecho de ser mujer parece ser un riesgo potencial a la hora de padecer *mobbing*, además las mujeres con menor nivel de estudios y con menor experiencia laboral tienen un mayor nivel de riesgo de sufrir acoso en el puesto de trabajo. Esta evidencia es compartida por Escartín *et al.* (2008: 208) y González Trijueque y Graña Gómez (2009: 292), quienes concluyen en su estudio que las mujeres sufren más acoso que los hombres. Carnero *et al.* (2010: 3784) también coinciden en señalar que las mujeres sufren más *mobbing* que los hombres y añaden además que éste es más intenso cuando la víctima de acoso es una mujer.

En cambio, el Barómetro CISNEROS XI referido a la situación laboral española en 2008 señala que el porcentaje de hombres que sufren *mobbing* (15,80%) supera al de las mujeres (10,70%). Contrario a lo anterior, los resultados de la quinta encuesta de EUROFOUND en lo referente a España muestran que el acoso psicológico en el trabajo lo sufren casi por igual los hombres y las mujeres.

No obstante estos resultados, diversos estudios ponen de manifiesto que las consecuencias negativas del *mobbing* para las mujeres son más intensas que para los hombres (Yoo *et al.*, 2015: 434). Escartín *et al.* (2013: 211, 212) afirman que el género es un factor diferencial en la valoración de la severidad de los actos de *mobbing*, siendo las mujeres las que valoran de forma más severa el acoso psicológico en el trabajo; y a mayor severidad mayores consecuencias negativas para la persona afectada. Por ello, estos autores consideran que en los comités que analizan los casos de *mobbing* debería haber una combinación de género lo más equilibrada posible (p. 221). En este mismo sentido, Rodríguez-Muñoz *et al.* (2010: 2616) señalan que los síntomas de stress post-traumático son más frecuentes en mujeres víctimas de *mobbing* que en hombres.

Un caso particular es el acoso a mujeres embarazadas o *mobbing* maternal. En estos casos lo que se busca no es la destrucción de la víctima de forma directa, sino mostrar un ejemplo de lo que le puede pasar a la mujer que se quede embarazada; es un tipo de castigo ejemplarizante que debe servir de aviso para otras mujeres que observan lo que le ocurre a la víctima. En el trabajo elaborado en 2015 por el Instituto de Política Familiar (IPF) que lleva por título *Conciliación de la Vida Laboral y Familiar en España* define el *mobbing* maternal como *"la violencia laboral que sufre la mujer por ser madre"* (p. 22). Al mismo tiempo señala que debe ser considerado como un delito laboral y penal.

El Barómetro CISNEROS XI (2009) en relación al *mobbing* maternal recoge los siguientes datos que proceden del estudio de la situación laboral en 2008:

- El 18% de las trabajadoras denuncian que en su organización se producen presiones contra las mujeres por causa de su maternidad.
- El 8% de las trabajadoras acosadas refieren como causa principal del *mobbing* su maternidad.
- El 16% de las trabajadoras acosadas lo son por reclamar derechos laborales que les corresponden.
- El 16% de las trabajadoras acosadas denuncian acoso simplemente por el hecho de ser mujeres.

En cuanto a la forma de actuar frente al *mobbing* desde los puestos directivos de la empresa, también se observa diferencias en función del género. Salin (2008: 37, 39) concluye en su estudio que los hombres presentan una probabilidad mucho más alta que las mujeres a la hora de evitar tomar medidas para solucionar el *mobbing*, en cambio las mujeres son más propensas a establecer medidas que contribuyan a la eliminación del problema. Con lo cual la diversidad de género en los puestos directivos y en el consejo de administración de las empresas podría ser positivo para conseguir la disminución y, en el mejor de los casos, la eliminación de este grave problema ético interno de las organizaciones.

En resumen, parece que el género es un factor relevante al analizar el acoso psicológico en el trabajo. Salin y Hoel (2013: 235) afirman que el *mobbing* no es neutral al género sino que está muy relacionado con él. Chávez-Bermúdez (2012: 3) considera que el acoso psicológico en el trabajo es *"uno de los actos que impiden el desarrollo laboral de las trabajadoras en todo el mundo"*.

En cuanto a los acosadores, son tanto mujeres como hombres, y acosan a ambos sexos, pero el estilo de acoso difiere entre ambos sexos. Las primeras utilizan un estilo más indirecto (manipulación social) mientras que el de los hombres es más directo (agresión aparentemente más racional) (Björkqvist *et al.*, 1994: 27).

En resumen, parece que el *mobbing* es una actividad humana común, practicada en todos los países y en la mayoría de las organizaciones (Vega y Comer, 2005: 108). Leymann (1996a: 216-217) señala que el *mobbing* no se puede justificar moralmente basándose en el hecho de que es frecuente, aunque sólo sea porque va en contra de los fundamentos morales de las sociedades occidentales.

Lo cierto es que el *mobbing* no tiene justificación posible, destruir a una persona por simple capricho no es admisible en ninguna sociedad sana. Ante esto, tal como afirma Girard (2002: 84), *"para favorecer la violencia colectiva, hay que reforzar su inconsciencia [...]. Y, al contrario, para desalentar esa violencia, hay que mostrarla a plena luz, hay que desenmascararla"*. Las víctimas de *mobbing*, tras lo que le ha ocurrido, consiguen alcanzar un conocimiento sobre hasta qué límites puede llegar la maldad humana que millones de personas del planeta jamás llegarán a poseer.

2.3. Tipos de *mobbing*

Los tipos de *mobbing* que se pueden presentar en una empresa se pueden clasificar atendiendo a diferentes criterios. A continuación, se presenta una clasificación no excluyente en función de distintos puntos de vista:

a) Según la gravedad de los efectos que tiene el *mobbing* sobre la víctima.

b) Según la posición jerárquica que ocupan en la empresa el acosador y la víctima.

c) Según el grado de intervención de la dirección de la empresa.

d) Según el comportamiento del acosador y de la víctima a lo largo del proceso de *mobbing*.

a) Según la gravedad de los efectos que tiene el *mobbing* sobre la víctima:

- *Mobbing* de primer grado. La víctima resiste al acoso y consigue escapar.
- *Mobbing* de segundo grado. La víctima sufre incapacidad temporal que le impide reincorporarse rápidamente.

- *Mobbing* de tercer grado. La víctima está incapacitada para reincorporarse y precisa tratamiento específico.

b) Según la posición jerárquica que ocupan en la empresa el acosador y la víctima:

- *Mobbing* descendente. El acosador ocupa una posición jerárquica superior a la víctima.
- *Mobbing* horizontal. El acosador ocupa una posición jerárquica igual a la víctima.
- *Mobbing* mixto (vertical y horizontal). Se puede llegar a este tipo de *mobbing* por dos vías: a) al actuar como acosador el superior jerárquico crea un efecto reflejo en los miembros de la organización de igual posición jerárquica que la víctima, haciendo que éstos se conviertan también en acosadores, o bien, b) un *mobbing* de tipo horizontal evoluciona hacia uno de tipo vertical, al convertirse el superior en cómplice o en acosador.
- *Mobbing* ascendente. El acosador ocupa una posición jerárquica inferior a la víctima.

c) Según el grado de intervención de la dirección de la empresa:

- *Mobbing* activo. La dirección de la empresa planifica y/o desarrolla directamente las conductas de *mobbing*.
- *Mobbing* pasivo. La dirección de la empresa actúa como espectador y tolera las conductas de *mobbing*.

d) Según el comportamiento del acosador y de la víctima a lo largo del proceso de *mobbing*:

- *Mobbing* plano. Ni la víctima ni el acosador modifican sus estrategias porque o el acosador no tiene otras ideas de cómo agredir a la víctima o bien está satisfecho de la reacción suscitada.
- *Mobbing* mueve la víctima. El acosador repite el mismo comportamiento, pero la víctima, en el intento de hacer que desista, reacciona de forma distinta cada vez.
- *Mobbing* mueve el acosador. El acosador modifica continuamente sus acciones mientras el comportamiento de la víctima permanece constante.
- *Mobbing* mueven ambos. El acosador y la víctima cambian constantemente de comportamiento.

De estas clasificaciones, la que más se suele utilizar en las investigaciones empíricas es la que clasifica el *mobbing* según la posición jerárquica que ocupan en la empresa el acosador y la víctima. Tomando datos del Barómetro CISNEROS XI (2009), el *mobbing* descendente es el más frecuente (64%), seguido del horizontal (18%) y en menor medida acontece el ascendente (12%).

2.4. Partes implicadas en el proceso del *mobbing*

El acoso psicológico en el trabajo requiere de uno o varios agresores. Es necesario decir que no hay organizaciones que cometen *mobbing* sino individuos dentro de la organización que lo practican. En muchas ocasiones se proporcionan instrucciones específicas por parte de personas de elevado nivel jerárquico para proceder al hostigamiento contra un trabajador; por tanto quien está practicando el *mobbing* como instigador y último responsable es la persona que decreta esta persecución (independientemente de su nivel o puesto en la empresa) y no la organización en la que estos hechos se producen. Ahora bien, no es descabellado hablar de organizaciones enfermas que, por sus propias características intrínsecas y extrínsecas (cultura organizativa, organigrama, sector en el que operan, clima económico, etc.), facilitan los actos de acoso psicológico en el trabajo y es en este caso en el que se puede hablar de organizaciones fomentadoras del *mobbing*.

En el proceso de *mobbing* se pueden distinguir tres partes implicadas: la víctima, el acosador y los cómplices. A continuación, se procede a comentar las características principales del perfil de cada una de ellas.

2.4.1. Perfil de la víctima

El carácter lesivo del *mobbing* ha quedado suficientemente acreditado en diferentes estudios, por lo que decir actualmente que el acoso psicológico en el trabajo causa un riesgo cierto de enfermar a quien lo sufre, no resulta para nada exagerado, por lo que *"es perfectamente aplicable el calificativo y estatus de "víctima" al trabajador que sufre este tipo de actuaciones hostiles en su trabajo"* (Piñuel y Zabala, 2015: 238-239).

Una persona puede ser objeto de *mobbing* con independencia de la raza, de la religión, de la nacionalidad, de su nivel de estudios, de su ocupación, de su ideología, de su condición social, etc. Por tanto, el perfil de las víctimas de *mobbing* no es en absoluto el de personas cuyas características personales o profesionales puedan explicar y mucho menos aún justificar el acoso que padecen (Leymann, 1996a: 175-177; Piñuel y Zabala, 2008: 167; Mathisen *et al.*, 2012: 549).

Las distintas investigaciones realizadas han constatado que las víctimas de acoso psicológico en el trabajo no hacen nada concreto que pueda atribuírseles como causa del acoso que sufren, sino que se encuentran de un modo circunstancial en organizaciones y ante personalidades o estilos de mando que practican el *mobbing* (Piñuel y Zabala, 2015: 239). Buscar en la víctima o en su comportamiento las causas del acoso de que es objeto significa *"no entender nada del problema y adentrarse una y otra vez en la vía muerta de una casuística casi infinita de supuestas "causas desencadenantes". No hay tal cosa. Las víctimas son sencilla y llanamente inocentes. Esta es la verdad científica y técnica que revelan los análisis cuantitativos y cualitativos de cada uno de los casos que se analizan en profundidad. [...] incurrir en estas explicaciones, con cargo a la personalidad de las víctimas o en sus supuestos fallos o errores (por lo demás inventados, exagerados o dramatizados de forma deliberada por los que acosan) no es sino incurrir en el "error fundamental de atribución"* (Piñuel y Zabala, 2015: 240).

No obstante lo anterior, se puede señalar una serie de cualidades comunes a todas las víctimas. Así, suelen ser personas altamente capacitadas, con situaciones familiares satisfactorias, justas, líderes informales entre sus compañeros, de elevada ética, honradez y rectitud, con un alto sentido de la justicia, con una elevada capacidad empática, sensibles, benévolas, populares y comprensivas del sufrimiento ajeno, entre otros rasgos; en suma *"buena gente"* (Piñuel y Zabala, 2001; Fornés Vives, 2003). Todo esto despierta en el acosador, debido a sus profundos sentimientos de inadecuación (complejo de inferioridad), insoportables sentimientos de celos y envidia personal y/o profesional. Si a esto se une un estilo de comportamiento humano y humanizador por parte de la víctima en su trabajo, ya se convierte en una situación que resulta insoportable para el acosador (Piñuel y Zabala, 2001: 113).

La probabilidad de sufrir acoso aumentará a medida que el acosador:

a) carezca de un mayor número de esos aspectos, cualidades, situaciones..., que tanto desea poseer y están en poder de la víctima;
b) que le sean difíciles de conseguirlas según su opinión;
c) que considere a la víctima un peligro para su carrera profesional o para la de sus protegidos; y,
d) que las normas de conducta de la dirección o de la organización no sean demasiado éticas.

Las evidencias proporcionadas a través de estudios realizados a lo largo de los años han permitido a los investigadores llegar a una conclusión sorprendente. Así, López Cabarcos y Vázquez Rodríguez (2003: 103-104) se preguntan: *"¿Puede alguien explicar por qué hoy en día, en la vida laboral (y creemos que en otros ámbitos también), quien demuestra cualidades o habilidades excepcionales no es un modelo, sino un E-N-E-M-I-G-O? Desde ese momento se convierte en una amenaza que es necesario aniquilar. Aquí no cabe la admiración, sólo la envidia insana de quien, con razón o sin ella, se siente mediocre o inferior. [...] Alguien debería tener una explicación para el hecho de que en la sociedad actual, muy avanzada [...], la gente devota, inocente, ilusionada y brillante, es desequilibrada y está enferma, y los "trepas psicópatas", recelosos y llenos de traumas, se erigen como símbolo del éxito social y profesional".*

Sófocles termina su obra Edipo Rey con las siguientes palabras: *"[...] tratándose de un mortal hemos de ver hasta su último día antes de considerarle feliz para comprobar que haya llegado al término de su vida exento de desgracias"*. Esta afirmación sirve para aplicarla a la víctima de *mobbing*, pues ninguna persona está exenta de sufrir esta agresión. Adaptando la frase de Sófocles al tema tratado, se puede exponer en los siguientes términos: *"tratándose de un mortal hemos de ver hasta su último día antes de considerarle que no ha sido víctima de mobbing para comprobar que haya llegado al término de su vida exento de tal desgracia"*.

A lo largo de los últimos años se han realizado numerosas investigaciones a nivel mundial que han puesto de manifiesto que el *mobbing* es un problema real y no una invención personal de un grupo de trabajadores de un país que ha conseguido contagiarlo al resto de naciones. A pesar de ello, *"aún hoy, muchas de las víctimas de mobbing, en lugar de ser percibidas como tales, suelen ser consideradas como merecedoras de su castigo"* (Piñuel y Zabala, 2015: 23). Ante ello, el citado autor señala que desde los estudios pioneros de Leymann *"los diferentes investigadores claman la verdad técnica de la inocencia de las víctimas respecto a las terribles imputaciones que se les hacen para justificar el maltrato, la dejación o el abandono organizativo del que son objeto"* (p. 241).

2.4.2. Perfil del acosador

En el proceso de *mobbing* el acosador no se define por la raza, el sexo, la religión, el nivel de estudios, la ideología o cualquier otro aspecto similar sino que son otras características las que lo van a definir como un psicoterrorista psicópata con forma humana.

El perfil de un acosador se corresponde con el de personas mediocres, débiles, perversas, prepotentes, resentidas, cobardes, frustradas, envidiosas, celosas, egoístas, faltas de empatía, egocéntricas, perversas narcisistas, manipuladoras, tergiversadoras de la verdad, necesitadas de admiración, reconocimiento y protagonismo, faltas de interés por los demás pero deseosas de despertar el interés del resto de personas, necesitadas de tener la sensación de dominio y control sobre los demás, convencimiento de que todo lo que poseen las personas de su entorno laboral se lo deben a él únicamente porque por sí mismas no son capaces de conseguir un puesto de trabajo *"si no se lo hubiese dado él"* (Piñuel y Zabala, 2001; Fornés Vives, 2003; López Cabarcos y Vázquez Rodríguez, 2003; Rodríguez López, 2004).

Son individuos que critican a todo el mundo y no admiten ninguna acusación o reproche, callan cualquier información que permita valoraciones positivas sobre los otros mientras esparcen cualquier rumor o dato equívoco que invite a su desprestigio, disfrutan con el sufrimiento de los demás, empequeñeciéndoles, se relacionan con los demás para seducirlos y luego los utilizan sin tener ningún sentimiento de culpa. Aunque estas personas pretendan convencer de lo contrario suelen trabajar bastante menos que el resto del personal puesto que ponen su tiempo y energías a disposición de las relaciones que consigan establecer con personas que puedan favorecerles (Fornés Vives, 2003: 6). También es posible que el comportamiento del acosador sea debido a algún trastorno psicológico como es el caso de la personalidad psicópata, narcisista o paranoide (Piñuel y Zabala, 2001: 181). En este sentido, se puede señalar a Hirigoyen (2001) quien utiliza para referirse al acosador el término perverso narcisista.

En general, el acosador suele poner en marcha el proceso de *mobbing* por motivos como los siguientes:

a) para encubrir su mediocridad, debido al miedo y la inseguridad que experimenta hacia su propia carrera profesional, y así puede desviar la atención o desvirtuar las situaciones de riesgo haciendo cargar a la víctima con la culpa;

b) por la amenaza que supone para él el conocimiento por parte de la víctima de situaciones irregulares, ilegales o de fraudes que ha cometido;

c) por temor a perder su posición en la organización al no poder competir de forma honesta con la víctima; y,

d) por la entrada en la empresa de un nuevo trabajador que ha pasado a ser su *"preferido"* y la víctima puede *"hacerle sombra"* debido a que posee mejores cualidades para desempeñar el puesto de trabajo.

El comportamiento del acosador obedece, casi siempre, a un intento de encubrir o camuflar sus propias deficiencias; su miedo o inseguridad suelen venir determinados por su propia conciencia de mediocridad, que es puesta en evidencia de forma inconsciente por la conducta profesional, ética y respetuosa de la persona que es elegida como víctima (Piñuel y Zabala, 2001: 129). Los acosadores son personas que, al ser débiles y tener miedo, necesitan patológicamente que alguien se sienta débil y les tenga miedo, para así sentirse ellas *"más fuertes"*. Estas personas pretenden esconder o disimular sus miedos, complejos y limitaciones empequeñeciendo y humillando a los demás (Fornés Vives, 2003: 2).

Los acosadores son en la mayoría de los casos los superiores o jefes, pero también es frecuente que los acosadores se encuentren entre los propios compañeros de la víctima. No es de extrañar que los acosadores puedan abusar de su posición de poder sobre otros miembros de la organización para que le ayuden y apoyen en ese proceso de *mobbing* que han iniciado.

Además de los tipos de acosadores anteriores, también se puede dar el caso de que el *mobbing* sea de tipo ascendente, es decir, del subordinado al superior, aunque esto no es muy habitual.

Hirigoyen (2001: 19) afirma que cuanto más arriba se sube en la jerarquía y en la escala sociocultural, más sofisticadas, perversas y difíciles de advertir son las agresiones que efectúa el acosador sobre la víctima. Así, Leymann (1996a: 40) afirma al hablar del *mobbing* que *"en el campo de la persecución la imaginación humana parece ilimitada"*.

También es frecuente la actuación de los acosadores en grupo, y al ser practicado entre todos los trabajadores es muy difícil de probar. Los ataques suelen ser mediante: falsas acusaciones, obstaculizaciones, motes, represiones constantes, humillaciones, insultos, gritos,...; métodos que también son utilizados cuando el acosador es un solo individuo.

El acosador tiene rasgos que se podrían relacionar con el trastorno por mediocridad inoperante activa (síndrome MIA) (González de Rivera y Revuelta, 1997). El individuo afecto de MIA desarrolla fácilmente una gran actividad, inoperante por supuesto, acompañada de un gran deseo de notoriedad y de control e influencia sobre los demás. El Mediocre Inoperante Activo es particularmente proclive a la envidia, y sufre ante el bien y el progreso ajenos, nunca reconocerá los méritos que un individuo brillante reúne para lograr un premio o posición sino que atribuirá todo éxito ajeno a relaciones con personas influyentes o injusticias del sistema, fácilmente callará cualquier información que permita valoraciones positivas sobre otros, mientras que amplificará y esparcirá todo rumor o dato equívoco que invite a la desvalorización y desprestigio de esas personas (González de Rivera y Revuelta, 1997: 231).

Estas conductas de acoso psicológico en el trabajo no son casuales sino causales o intencionales puesto que quien acosa intenta, consciente de ello, hacer un daño o perjuicio a quien ha elegido como víctima. Pero tal vez resulte más escalofriante saber que un acosador no suele actuar una sola vez, sino que repite este comportamiento siempre que le es posible, de ahí la denominación de *"asesino en serie"* que le concede Piñuel y Zabala (2001: 129).

Piñuel y Zabala (2004:39) afirma que quizás *"algunos jefes y directivos psicológicamente tóxicos debieran ser retirados de sus cargos o muchos tendrían incluso que recibir tratamiento psiquiátrico o ser retirados como maquinaria humana tan defectuosa como tóxica para los demás."*. Tomando datos del Barómetro CISNEROS XI (2009), el 30% de los encuestados declaran tener serias dudas respecto a que sus mandos y directivos tengan una buena salud mental.

Por su parte, Boddy (2011: 367) hace referencia en su estudio a la figura del psicópata corporativo o psicópata organizacional y su relación con el *mobbing*. Sus resultados muestran una fuerte, positiva y significativa relación entre la presencia en la empresa de este tipo de personas y la existencia de *mobbing* en la misma, comprobándose también que cuando éstos están presentes en la empresa el nivel de acoso psicológico en el trabajo es considerablemente mayor que cuando no están. Asimismo, afirma que el 26% de los casos de *mobbing* que se producen están asociados con la presencia de estos psicópatas en la empresa, los cuales representan el 1% de la población de trabajadores.

Los psicópatas corporativos se pueden definir como aquellas personas que trabajan en empresas y son oportunistas, egocéntricas, implacables, manipuladoras, ambiciosas, sin conciencia, sin piedad y anteponen sus propios intereses a los de la empresa pero presentan una fachada de persona encantadora con el fin de conseguir promocionarse dentro de ella, para lo cual utilizan un enfoque oportunista y manipulador en aras a conseguir su promoción profesional (Boddy, 2005: 30). Estas personas son una amenaza para el funcionamiento de la empresa y no presentan ningún sentimiento de culpa, vergüenza o remordimiento por las consecuencias derivadas de las decisiones que han adoptado (p. 30).

Los líderes que son psicópatas corporativos a menudo crean la ilusión de ser líderes exitosos, pero ellos buscan ocupar estas posiciones de liderazgo debido al acceso a las recompensas y el poder que llevan consigo estos puestos de alta dirección (Boddy *et al.*, 2010: 2). Trabajando a las órdenes de psicópatas corporativos los empleados sienten que no es reconocido el buen trabajo que hacen, no se sienten apreciados ni recompensados adecuadamente por el trabajo que realizan (p. 14).

Boddy (2006: 1461) señala que los psicópatas organizacionales son capaces de presentarse como empleados deseables y escalan con mucha facilidad puestos en la empresa por lo que comúnmente se encuentran en niveles jerárquicos altos dentro de la misma. Son capaces de desplegar un encanto sin piedad, mentir, engatusar y manipular en su camino hasta llegar a los puestos altos de la organización *"en la búsqueda de sus objetivos principales de poder, riqueza y estatus y a expensas de cualquiera que se interponga en su camino"* (p. 1461). Además recoge en su estudio que el *mobbing* es una táctica que utilizan estos individuos para humillar a los demás dado que muchos de los psicópatas organizacionales disfrutan haciendo daño, aunque también utilizan el acoso psicológico en el trabajo como táctica para confundir y desorientar a aquellos empleados que pueden ser una amenaza para sus actividades en la organización (p. 1469).

El comportamiento de los acosadores cuando se les pregunta sobre el *mobbing* es de un cinismo tal que produce escalofríos. Su forma de actuar va desde el que afirma tener un total desconocimiento del tema a aquellos que preguntan cómo se puede detectar a un acosador o cómo se puede prevenir el *mobbing*. También, están los que afirman que el *mobbing* no existe, que es *"pura envidia"* que siente un trabajador concreto (la víctima) hacia el acosador o sus cómplices debido a que no tiene capacidad suficiente para ser tan competente en su trabajo como ellos lo son, y no dudan en afirmar que precisan de tratamiento psicológico para superar ese brote de envidia y si esa persona está tan enferma que no puede hacer su trabajo ellos *"amablemente y en un alarde supremo de solidaridad"* se ofrecen a hacer su trabajo (eso sí aprovechando al máximo la ocasión para gritar a los cuatro vientos que la víctima es un trabajador incompetente que no debería estar en la organización). El acosador culpa de todo a la víctima, ella es la culpable, el acosador es *"totalmente inocente, está inmaculado de todo pecado"*, eso es lo que se cree y va clamando por toda la empresa.

El tema no para aquí, ya que se ha dado el caso de algunos acosadores, de cinismo desorbitado, que han creado sus propios cursos sobre *mobbing* (obteniendo cuantiosos beneficios económicos, por supuesto) y *"con caras de preocupación, no han pestañeado al indicar en tonillo de mitin: '¡Hay que erradicar el acoso!'"* (Peñasco, 2005: 206). ¿Es posible un mayor nivel de cinismo? ¿Cómo una persona, un ser humano, puede llegar a ser tan retorcido? ¿Tal vez exista una profunda confusión en la sociedad y se esté considerando como ser humano al acosador cuando realmente es un ser de naturaleza no humana? Probablemente no exista en ningún idioma conocido hasta el momento la palabra correcta para designar a un acosador de *mobbing*.

En otros casos, se ha dado el hecho de que el acosador es capaz de poner por escrito frases como la siguiente: *"Yo desconozco la relación que puede tener el mobbing con el ámbito jurídico"*. Esto lleva a formularse preguntas como: ¿no es el acosador consciente de que destruir a una persona por el puro placer de hacerlo es un delito? ¿cree que el *mobbing* es tan banal que el ordenamiento jurídico jamás se ocupará de tal minucia? ¿dedica tanto tiempo a su trabajo de acosador que no ha leído jamás una noticia en la que una persona es denunciada por acosar psicológicamente a otra en su puesto de trabajo y condenada judicialmente por ello? A la luz de lo expuesto podría llegarse a afirmar que el acosador es una persona que si no hubiese nacido el mundo sería mucho mejor y que el día que lo abandone el número de noticias positivas a reseñar de tal día del año aumentará en una. Mientras tanto, la víctima de *mobbing* terminará necesitando ayuda especializada para superar su problema, pero lo más irónico es que quién de verdad necesita esa ayuda y desde hace muchísimo tiempo atrás es el acosador. *"Porque él y sólo él, es quien en contra de toda apariencia:*

El mobbing no puede ser un crimen perfecto

NO ESTÁ EN SU SANO JUICIO, AUNQUE EN UN JUICIO, PAREZCA EL SANO" (Peñasco, 2005: 103).

El *mobbing* produce un daño inmenso a la víctima del que le costará mucho recuperarse, por lo que es justo afirmar que el acosador no puede obtener la victoria en este proceso.

2.4.3. Perfil de los cómplices

En el proceso de *mobbing* no se suele prestar a los cómplices toda la atención que merecen, son los grandes *"olvidados"*, y no es correcto darles ese trato pues la labor que desempeñan es de gran relevancia a lo largo de todo el proceso. Ellos ayudan a mantener la llama del acoso viva no permitiendo que se extinga el fuego acosador sino, todo lo contrario, están avivándola continuamente.

Piñuel y Zabala (2001:132-136) afirma que, para que se produzca el *mobbing* el acosador necesita que se den tres condiciones:

- *El secreto de sus actuaciones*. El acosador no suele actuar a la luz pública, como mucho se atreve realizar su acoso teniendo por testigos a su grupo de apoyo en esta tarea.
- *La vergüenza (culpabilización) de las víctimas*. La introyección de la culpa o el desarrollo de sentimientos de vergüenza por parte de la víctima resultan imprescindibles para que el psicoterror produzca la paralización de ésta. El acosador suele valerse del conocimiento personal que tiene de la víctima para iniciar y proseguir su labor de destrucción psicológica.

- *La existencia de testigos mudos.* Compañeros de la víctima que sin formar parte del grupo de acoso suelen, presionados por el acosador o guiados por sus propios intereses, desarrollar pensamientos en contra de la víctima. Estos testigos mudos, con su actitud y/o mudez, colaboran tácitamente en el comportamiento de acoso, transformándose en una útil herramienta de apoyo para el acosador.

Es importante destacar que si los testigos dejaran de ser mudos y apoyaran a la víctima existe una alta probabilidad de que el proceso de acoso psicológico en el trabajo se detuviese, ya que, entonces el defensor de la víctima contaría con la misma herramienta de la que se vale el acosador: el mimetismo, la tendencia de la masa a repetir el comportamiento observado, pero eso sí un mimetismo no violento. Así, *"para romper la unanimidad mimética, hay que disponer de una fuerza superior al contagio violento [...] una fuerza superior a la de los apasionamientos miméticos. A diferencia de éstos, esa fuerza no tiene nada de alucinatorio ni de mentiroso"* (Girard, 2002: 243-244).

El perfil de los cómplices se corresponde con personas deseosas de agradar a los demás, débiles, inseguras, indecisas, temerosas de que si no dan su apoyo se convertirán en la próxima víctima, tienen miedo a perder su puesto de trabajo y/o estatus, tienen una fuerte relación de dependencia con el acosador, se someten a cualquier orden si con ello obtienen una recompensa, les interesa mantener la situación al salir beneficiados ya que pueden eliminar a un competidor más cualificado (Fornés Vives, 2003; López Cabarcos y Vázquez Rodríguez, 2003).

El mecanismo victimario sólo puede funcionar gracias a la ignorancia de quienes hacen que funcione, se creen poseedores de la verdad, cuando, realmente, son presas de la mentira, pues la acusación y condena de que es objeto la víctima no se basa en nada real y objetivo, la acusación es falsa y la condena es injusta, pero no por ello dejan de lograr, en virtud del contagio violento, un crédito unánime (Girard, 2002: 63-64). El dinamismo de las masas no hay que definirlo sólo por su mayor o menor violencia sino por la imitación, el mimetismo (p. 83), tan vigente hoy como hace dos mil años.

La masa elige a las víctimas por motivos ajenos no ya a la justicia sino a cualquier motivación racional. *"La masa carece de motivo alguno personal respecto a la víctima elegida por ella, que habría podido ser cualquier otro individuo. No tiene ningún motivo de queja, ni legítimo ni ilegítimo. En una sociedad presa de la anarquía, las infortunadas víctimas sucumben a una voracidad persecutoria que puede saciarse más o menos con cualquiera. La culpabilidad o inocencia es algo que, en realidad no preocupa a nadie. [...] dos palabras, sin causa, describen maravillosamente el comportamiento de las jaurías humanas"* (Girard, 2002: 169). En este sentido, puede asimilarse la víctima a la figura simbólica del chivo expiatorio o alma inocente que acaba pagando las culpas de sus asesinos, librándoles a estos de represalias, sean divinas o humanas.

La verdad es algo rarísimo en este mundo e incluso hay motivos para pensar que está totalmente ausente de él. *"En efecto, los apasionamientos miméticos son, por definición, unánimes.*

Cada vez que ocurre uno, convence a todos los testigos, sin excepción. Y hace de todos los miembros de la comunidad falsos testigos inquebrantables por cuanto incapaces de percibir la verdad. [...] La unanimidad en los grupos humanos rara vez es portadora de verdad. Lo más frecuente es que constituya un fenómeno mimético, tiránico" (Girard, 2002: 158, 241).

Alrededor del acosador van aumentando los cómplices, y muchas veces ni la víctima llega a saber quiénes de los que están a su alrededor en el puesto de trabajo han pasado ya a engrosar las filas de victimarios.

Al analizar el grupo de cómplices de *mobbing* se puede constatar, en función de su nivel de intensidad acosadora, la existencia de dos tipos diferentes de adláteres, siendo las actividades que realizan de muy variada índole, más dañinas cuanto más se quiere impresionar al acosador:

a) *Cómplices pasivos*. Se limitan a apoyar al acosador en su proceso de acoso y derribo a la víctima, sólo prestan su apoyo, tal vez por miedo, tal vez porque sólo piensan en sí mismos y en sus propios intereses. Su grado de maldad es bajo.

b) *Cómplices activos*. No sólo prestan su apoyo al acosador, sino que incitan al acosador a que no cese en su tarea, aportándole nuevas formas de acoso, le proporcionan nueva información sobre la víctima para que no pare el acoso, son muy creativos y con un nivel de maldad que se puede calificar de alto. Son auténticos instigadores en el proceso de acoso, instigan al acosador para que continúe con el acoso a la víctima[7]. Se les puede denominar *"aprendices de acosadores"* o *"aspirantes a acosadores"*. Ellos serán los nuevos acosadores cuando el acosador deje de estar en la empresa, con lo cual el proceso si no se para continuará y continuará destruyendo paso a paso a la organización.

La relación que surge entre el acosador y los cómplices activos es mucho más estrecha que la que mantiene el acosador con los cómplices pasivos. Y en una empresa perfectamente pueden coexistir los dos tipos de cómplices, además con el paso de los años puede ocurrir que algunos cómplices pasivos evolucionen hacia cómplices activos atraídos por todos los beneficios de los que éstos disfrutan. Pero la situación contraria, es muy difícil que se produzca.

Los cómplices pasivos, en su labor más humilde que la de los cómplices activos, los grandes aliados del acosador y futuros acosadores, son los protagonistas de actuaciones que también causan daño a la víctima pero no de la magnitud de las que realizan acosador y sus cómplices estrellas. Sus actuaciones, mucho más modestas, pueden consistir en:

a) Rehuir a la víctima para no tener que hablar con ella, y en caso de no poder rehuirla a tiempo hablan con la víctima de forma nerviosa y entrecortada, mirando continuamente a su alrededor para saber si alguien los está viendo.

---

[7] Sería un error pensar que el acosador está siendo víctima de su/s instigador/es, todo lo contrario, el acosador está muy contento de esta ayuda. El acosador ya había tomado la decisión de acabar con la víctima y esta ayuda viene muy bien para sus planes.

b) Cuando se encuentran en público con la víctima la ignoran completamente, no respondiéndole al saludo, no contestándole cuando le habla, como si la víctima fuera un mobiliario más, una pared más del edificio, pero cuando se encuentran en privado o en un lugar en el que el cómplice sabe que ninguna persona le conoce incluso es capaz de acercarse a la víctima e intentar entablar una conversación con ella para sorpresa de ésta.

c) No devolver el saludo a la víctima cuando ésta le saluda tanto cuando haya personas al alrededor o no.

d) Saludar a la víctima sólo en caso de que vaya acompañada de una persona cuyo status pueda causar perjuicios al cómplice.

e) Cuando la víctima se incorpora al trabajo después de haber estado de baja médica le dejan de dirigir la palabra durante unas semanas como bienvenida.

f) Cuando la víctima no puede ir a una reunión y solicita información sobre lo que allí aconteció le responden diciéndole que ya leerá en el acta de la reunión los temas que se trataron. Por supuesto, esta persona se encargará de que nunca llegue a sus manos dicha acta.

g) Cuando se la encuentran por los pasillos preguntarle con cara de sorpresa:

"—¿Qué haces tú aquí?"

dando a entender que ella no debería estar en la empresa.

h) Hablarle como si ella no fuera miembro de la empresa y ante la cara que va poniendo la víctima decirle:

"—¡Ah, que tú también trabajas aquí!"

En cambio, el juego de los cómplices activos es *"más duro"* y con bastante frecuencia se realiza en presencia del acosador, ya que estos cómplices quieren demostrarle que le apoyan totalmente en el proceso de acoso que ha iniciado.

Maribel olvida un simple paquete de folios en la mesa de uno de los cómplices activos, cuando se da cuenta de su olvido va a buscarlo pero el cómplice en ese momento se encuentra reunido con el acosador. A pesar de ello, se dirige al cómplice y le pide el paquete de folios olvidado, el cómplice de forma rotunda niega que la víctima lo haya dejado en su despacho mientras intercambia unas *"risitas"* con el acosador. Por mucho que insiste la víctima el cómplice sigue negándolo y las *"risitas"* van en aumento cuando la víctima, resignada, abandona el despacho del acosador. Este cómplice ha sumado *"puntos"* ante el acosador. Ya no se parará. Cualquier cosa que caiga en sus manos que sea de la víctima (libros, documentos, etc.) no se los devolverá a Maribel ni le reconocerá que los tiene en su poder.

En un momento de la reunión en la que están presentes Maribel, el acosador y algunos cómplices activos y pasivos, ella se dirige a uno de los cómplices activos y le dice que tiene errores en los informes que ha elaborado. El cómplice activo le responde elevando la voz que él envió el archivo con el informe sin ningún error y que la víctima lo ha manipulado introduciendo esos errores. El acosador mira para el cómplice y apoya sus palabras. Tema zanjado: la víctima introduce errores en los trabajos que realizan los demás para *"dejarlos mal"* en las reuniones de trabajo. A partir de ahora la víctima además de lo anterior, será acusada de tener errores en los informes que elabore (da igual que sean ciertos o no), pasa a ser calificada de incompetente. Incluso se convocarán reuniones especiales para revisar todo el trabajo que ha hecho y actualmente hace. Por supuesto, el cómplice activo será uno de los miembros de esta comisión de revisión.

Este cómplice con esta actuación se ha colocado en el grupo favorito de secuaces del acosador. El poder es un importante afrodisíaco y este cómplice luchará por convertirse en la mano derecha del acosador, y para conseguirlo la víctima debe *"caer"*.

En las épocas en que la víctima ha tenido que estar de baja médica para poder recuperarse del acoso que sufre en el puesto de trabajo los cómplices activos tienen mucho trabajo que hacer. Se dedican a difundir rumores sobre la víctima tales como que han revisado todo el trabajo que la víctima dejó a medio hacer y está todo mal y lo han tenido ellos que hacer de nuevo, hacen comentarios acerca de que la víctima no está enferma porque ellos la han visto en centros comerciales, en fiestas y eventos similares. Todo es falso pero muchas personas les creerán y la reputación de la víctima sigue en picado, no es necesario ni que esté trabajando para conseguir disminuir su reputación.

Cuando es preciso que alguien haga el trabajo de la víctima para que la empresa siga con su funcionamiento estos se ofrecen voluntarios para hacerlo sin dejar de decir que ellos están más preparados que la víctima para realizar tales tareas, produciéndose el hecho paradójico de que cuando la víctima las hacía, calificaban su trabajo de prescindible para el funcionamiento de la empresa pero ahora que lo hacen ellos es fundamental para la supervivencia de la compañía.

Estos cómplices llegan hasta el extremo de quejarse públicamente de la víctima por no llamarlos, mientras está de baja, para preguntar sobre la marcha de la empresa. El cinismo del ser humano no tiene límite.

Los cómplices activos realizan también la labor de captación de compinches, normalmente, de tipo pasivo. No suelen captar cómplices activos porque eso supone aumentar la nómina de potenciales competidores que les hagan perder posiciones ante el acosador. Aunque siempre es posible que un cómplice pasivo cambie su rango a activo. La competencia entre los cómplices por ser el favorito del acosador supone para la víctima un daño y sufrimiento realmente elevados, y permite llegar a conocer la maldad que se encierra en un ser humano.

Marisol acude a una reunión en la que están presentes trabajadores de otros departamentos distintos al que ella está adscrita, realmente no los conoce pues apenas ha cruzado unos saludos con ellos en la cafetería o en el ascensor, pero de repente la presidenta de la reunión detiene el desarrollo de la misma y se dirige a la víctima en tono despectivo:

El mobbing no puede ser un crimen perfecto

"—¿Tú de dónde eres? Tienes una cara de ser de las montañas, de esos pueblos alejados a los que no ha llegado aún la civilización."

Marisol contesta en tono educado y le dice de dónde es, ante la cara atónita del resto de miembros de la reunión que no saben que está pasando allí. Lo que pasa es sencillo: la presidenta es amiga de una de las cómplices activas y ya ha sido *"captada"*.

Marisol decide pasar el fin de semana alojada en un bonito hotel en el que se refugia con frecuencia para intentar recuperarse de su triste destino laboral. Va a desayunar y se encuentra frente a frente con una trabajadora de la empresa en la que ella trabaja que tiene su mismo sueldo y cargo pero que es de otro departamento (por cierto, esta trabajadora es amiga de uno de los cómplices activos), y le dice:

"—¿Qué haces tú aquí? Anoche no te vi en la cena. ¡Ah, claro no te vi porque tú no te puedes pagar la cena en este hotel! Tu sueldo sólo te da para alojamiento y desayuno, es lo único que te puedes permitir".

Cómplices activos ¡trabajan tanto! Llegan a su casa cansados, agotados, se acuestan a dormir y duermen plácidamente, con la conciencia tranquila de que han hecho su trabajo perfectamente. Al día siguiente se levantan con fuerzas renovadas y vuelven otra vez a su duro trabajo. En cambio la víctima no duerme ni se levanta tan bien y ellos lo saben, se esfuerzan cada día para que así sea. Y es eso lo que les da fuerzas, les alimenta, para seguir acosándola.

Los cómplices pasivos están menos influenciados que los copartícipes activos en el proceso de ataque y derribo a la víctima puesto en marcha por el acosador. Así, por ejemplo, cuando los cómplices pasivos vuelven a la empresa tras un período de varias semanas de vacaciones se puede observar cómo durante los primeros días no presentan rechazo ni mucho menos acoso a la víctima debido a que su mente está libre de la influencia del acosador y de los cómplices activos. Esta situación cambiará en pocos días y volverá a ser un cómplice pasivo. En cambio, un cómplice activo nunca actuará de esta manera ya que está plenamente entregado a la causa.

Algunos cómplices pasivos cuando desean agradar al acosador pero su mente no encuentra motivos reales para enfadarse con la víctima y entrar así en el proceso de acoso utilizan la técnica consistente en buscar un gesto o una palabra que provenga de la víctima para utilizarla como excusa para convertirse en cómplice. Todavía poseen algo de conciencia y ésta les obliga a buscar tal artimaña para justificarse ante sí mismos de que lo que le hacen a la víctima es lo que se merece. Es realmente patético.

El acosador tiene mayor probabilidad de encontrar cómplices para su proceso de *mobbing* en aquellos sectores económicos o en aquellas empresas en las que los puestos de trabajo se encuentran sometidos a una gran inestabilidad, rotación y temporalidad, ya que los compañeros de trabajo de la víctima intentarán mantener su puesto de trabajo. Pero en una organización en la que las prácticas de *mobbing* han entrado y no se hace nada para erradicarlas nadie está a salvo de ser la próxima víctima.

No obstante, lo anterior en aquellos sectores de actividad económica en los que no exista precariedad laboral como puede ser la Administración Pública también se produce un elevadísimo número de casos de *mobbing*. Así que la actuación de los cómplices en este proceso no viene definida exclusivamente por esa variable, sino que existen otras muchas más como se ha hecho constar al definir el perfil de los cómplices.

También las situaciones de crisis económicas dan lugar a que se incrementen los casos de *mobbing* debido a que el trabajador tiene un mayor miedo a perder su trabajo que en épocas de bonanza económica. Esto favorece al acosador en gran medida, ya que no sólo se incrementa el número de potenciales víctimas para sus perversos planes sino que también aumenta el número de cómplices para su despreciable comportamiento de hostigamiento en el lugar de trabajo.

Los cómplices deberían detenerse un momento a pensar en lo que están haciendo, porque cuando el acosador elimine al trabajador que ocupa actualmente el papel de víctima irá inmediatamente a por otra ¿quién sabe quién será la próxima víctima?, ¿estás seguro de que no serás tú? Estas palabras no deben ser interpretadas por los cómplices como amenazas sino como simple información que debe ser considerada. Es muy frecuente, no obstante que los cómplices desdeñen advertencias como estas pues en el fondo son personas que ocultan intenciones o incluso hechos realmente reprobables.

En este sentido, los cómplices suelen adoptar una actitud fatalista, pensando y afirmando públicamente que la maldad es algo inherente al ser humano y por tanto actúan en consecuencia de este pensamiento.

No está de más sostener, desde una perspectiva ética, que permanecer neutral ante las situaciones de injusticia que se cometen a tu alrededor es elegir el bando del agresor.

La estructura de la organización facilita el *mobbing* y es el grupo el que lo lleva a cabo, *"a menudo al servicio de los intereses patológicos del acosador. Sin esas características del grupo, el acosador no sería sino uno de tantos seres frustrados y acomplejados, cobardes, envidiosos, resentidos, narcisistas y paranoicos, que o bien vivirían aislados y amargados o bien intentarían imponer sus carencias psicológicas y emocionales por otras vías, generalmente violentas y antidemocráticas, pero a veces incluso constructivas y, en ocasiones, hasta creativas. Sin embargo el mobbing desaparecería. Y en todo ello el acosado se volatizaría"* (Ovejero Bernal, 2006: 111).

Si para el común de los mortales la perversión da miedo y amedrenta, para algunas personas (los acosadores y sus cómplices) resulta algo fascinante y seductora (López Cabarcos y Vázquez Rodríguez, 2003: 16).

A los cómplices les vendría muy bien una lectura detenida del tratado de Séneca De vita beata (al español se ha traducido de muchas formas: Sobre la felicidad, De la vida feliz, De la vida bienaventurada). En él Séneca señala, haciendo referencia a la vida, que *"decidamos a dónde nos dirigimos y por dónde, no sin la guía de un experto que haya explorado los lugares hacia donde vamos, que no es éste un viaje de igual condición que los demás, pues en aquéllos, la estrechez de la senda y las indicaciones de la* gente del país no permiten que nos descarriemos, pero en éste, el camino más trillado y más conocido es el más engañoso. Por ello, nada debemos procurar tanto como no seguir, a modo de ovejas, el rebaño que va delante, yendo no allá donde se ha de ir sino a donde van todos. Y en verdad, nada nos enreda en mayores males que el atenernos a los rumores, creyendo que es mejor aquello que acepta el consenso general y de lo cual se nos ofrece copiosos ejemplos, rigiéndonos, no por la razón, sino por la imitación a los demás".*

En párrafos posteriores de este tratado se recoge que *"es perjudicial arrimarse a los que andan delante, y, como todos prefieren creer a juzgar, nunca se juzga la vida, sino que siempre se cree a los otros, y el error transmitido de mano en mano nos hace tambalear y caer. Perecemos por el ejemplo ajeno, así, bastará apartarnos de la masa para salvarnos. Pero ahora la gente se enfrenta con la razón en defensa de su propio mal. Y así, en este orden de cosas sucede lo que en los comicios, donde los mismos que han elegido a los pretores se extrañan de su elección, una vez se han recobrado de su voluble preferencia. Vituperamos lo mismo que hemos aprobado: he aquí el resultado de todo juicio que se falle por los votos de la mayoría. [...] Las cosas humanas no andan tan llanas que lo mejor sea lo que agrade a la mayoría, el favor de la masa caracteriza lo pésimo. Busquemos, pues, lo que es mejor que se haga, no lo que es más socorrido y usual".* De ahí, la idea de que si todos están de acuerdo en condenar a una persona seguro que esa persona es inocente.

2.5. Fases del *mobbing*

El *mobbing* conlleva todo un proceso que puede ser dividido en distintas fases. No existe unanimidad entre los autores (Leymann, 1990; Piñuel y Zabala, 2001; López Cabarcos y Vázquez Rodríguez, 2003) acerca del número de fases que conforman este proceso pero teniendo en cuenta todas esas opiniones se han establecido las siguientes etapas de un proceso de *mobbing*, las cuales se recogen en el gráfico 1 y se comentan a continuación.

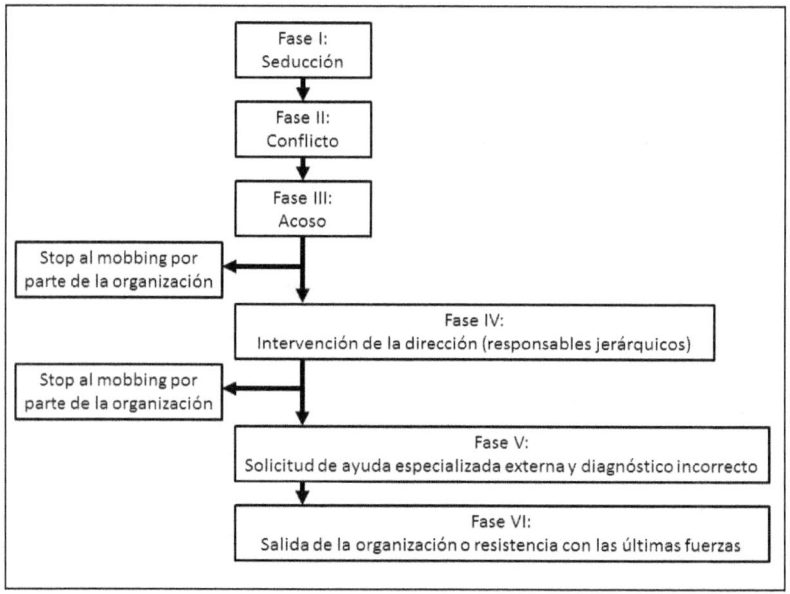

Gráfico 1. Fases del *mobbing*. Fuente: elaboración propia.

Fase I: Seducción

Es una estrategia encaminada al conocimiento de las debilidades de la víctima. En esta fase el acosador aún no ha manifestado su violencia sino que, al contrario, puede estar comportándose de forma muy positiva y amigable con la víctima, pero todo es un engaño. Esta primera fase causará un gran desconcierto en la víctima cuando el acosador comience con su violencia psicológica.

Fase II: Conflicto

Muchos expertos consideran que esta es la primera fase del proceso de *mobbing* al considerar que una mala resolución de un conflicto es lo que lleva al acoso psicológico en el trabajo, y no tienen en cuenta la anterior fase, la cual es crucial en este proceso de acoso. Dicho conflicto puede haber surgido realmente, haber sido provocado artificialmente por el acosador o figurar solo en su propia mente. Las relaciones entre acosador y víctima sufren bruscamente un cambio negativo, ya fuesen buenas o neutras. Es una etapa que suele durar muy poco tiempo pues el conflicto no es lo que persigue el acosador, pues sus intenciones son más perversas.

Fase III: Acoso

En esta fase el acosador comienza a realizar acciones sutiles, indirectas y difíciles de detectar, de forma repetitiva en el tiempo y actuando de manera totalmente intencionada, a fin de producir un daño psicológico en la víctima. El acosador tiende a buscar apoyo para su plan, consiguiendo poner a algunos miembros de la organización de su parte, a través de comentarios o críticas destinadas a desacreditar a la víctima y ponerla en el punto de mira, o bien, mediante la insinuación de posibles represalias a los que no le apoyen. La víctima comienza a preguntarse: ¿qué pasa?, ¿qué es lo que hago mal?. El *mobbing* ha comenzado.

En ocasiones, realmente pocas, la víctima se arma de valor y se atreve a exigir a su acosador que le dispense el mismo trato que da al resto de trabajadores de la empresa. En ese momento el acosador entra en cólera y acusa a la víctima de conflictiva, histérica o envidiosa; la relación del acosador con la palabra envidia es intensa, muy fuerte, considera que es la envidia la que mueve a la víctima cuando reclama un trato respetuoso, digno y humano.

Una vez que la víctima ha quedado aislada, privada de defensores, nada puede ya protegerla de la masa desenfrenada, todo el mundo puede encarnizarse con ella sin temor a represalia alguna y aunque la víctima parezca quizás poca cosa para los apetitos de violencia que convergen sobre ella, en ese instante la comunidad sólo aspira a su destrucción (Girard, 2002: 57).

El proceso no continuaría en adelante si la organización tuviera mecanismos de vigilancia que actuaran eficazmente en la detección del *mobbing* y normas que sancionaran este comportamiento perverso que fuesen conocidas por todos los miembros de la organización. La existencia de una legislación que resuelva de forma rápida el acoso psicológico en el trabajo también desempeñaría un papel crucial en esta etapa.

Fase IV: Intervención de la dirección (responsables jerárquicos)

La empresa llega a darse cuenta de la situación, pero siendo su reacción, más habitual, considerar responsable a la víctima y no al acosador, reduce todo el problema a un conflicto entre víctima y acosador. La jerarquía de la organización suele apoyar al acosador, evitando así asumir su responsabilidad, permitiendo, por un lado, que el acosador siga con sus maléficas prácticas y, por otro, que la víctima siga sufriendo.

La personalidad y comportamiento de la víctima sufren cambios como consecuencia del acoso psicológico al que está viéndose sometida lo que es aprovechado por el acosador para mostrarla como causa del problema. Incluso si la víctima lucha contra el acosador será interpretado, muy probablemente, por los demás miembros de la organización como una actitud negativa de la víctima, pudiendo llegar a considerar al acosador como la víctima de toda esa situación debido a ¿ingenuidad, miedo, por propio interés,...?, sólo en ellos está la respuesta.

También puede suceder que la empresa actúe de una forma más positiva, investigando el caso; mientras tanto aleja a la víctima del acosador mediante un traslado de puesto de trabajo a uno de ellos. Una vez concluida la investigación reconoce que se ha producido en el seno de su organización un caso de acoso psicológico en el trabajo, sanciona al acosador, da la razón a la víctima e intenta establecer mecanismos para evitar este tipo de actuaciones perversas en el futuro. Todo muy positivo, pero el sufrimiento soportado por la víctima y las secuelas que le ha dejado el *mobbing* no son tan fáciles de reparar.

Fase V: Solicitud de ayuda especializada externa y diagnóstico incorrecto

La víctima en un intento de superar el acoso psicológico del que es presa en su lugar de trabajo acude a la medicina tradicional (neurólogos, psicólogos, psiquiatras) o a la medicina alternativa (homeópatas, sanadores...), pero el problema está en que le diagnostiquen incorrectamente debido a que estos profesionales de la salud no estén especializados en el tema, o bien, no crean que pueda existir el *mobbing*, con lo cual la tan necesitada ayuda no se consigue. También, existe otra posibilidad y es que estos profesionales de la medicina sean acosadores y la víctima tenga la mala suerte de dar con uno de ellos y solicitarle ayuda médica. Tampoco hay que olvidar a aquellos profesionales de la salud que atrapan a estas víctimas con falsos remedios para su problema, por su propio interés pecuniario, mientras la víctima se hunde más y más.

Entre los profesionales de la medicina en la actualidad hay muchas personas que son una vergüenza para la profesión y para la raza humana. Aprovecharse de una persona enferma que acude en busca de ayuda médica porque por sí misma no puede superar la situación en que se encuentra, y tú te aprovechas de ella prescribiéndole una medicación que no la curará pero que la mantendrá con vida para que tú puedas seguir sacándole hasta el último euro es vergonzoso, inhumano y despreciable. ¿Para qué quieres todo ese dinero manchado de sufrimiento y de dolor? ¿para otro deportivo o tal vez para otro yate? Mereces recibir como mínimo el mismo trato cuando enfermes.

No obstante todo lo anterior, es cada vez más frecuente encontrar profesionales de la salud que, por experiencia propia o por la de una persona muy cercana, conozcan muy bien el problema del *mobbing* y puedan prestar una ayuda inestimable a la víctima. También, los hay que se sorprenden enormemente cuando la víctima les cuenta como ha sido su proceso de acoso psicológico en el trabajo, ya que no pueden creer que haya personas que le puedan hacer a otra un acto tan despreciable y además quedar impunes.

A todo lo anterior, se ha de añadir que el nivel de acoso psicológico en el trabajo se puede agravar si el acosador o sus cómplices descubren que la víctima está bajo tratamiento médico en un intento de superar los problemas de salud que el *mobbing* ocasiona. La víctima se vuelve más vulnerable a ojos del acosador y éste lo aprovecha para intensificar sus perversos ataques, además de utilizar el hecho de que necesita ayuda médica para desacreditarla aún más.

Desde que el *mobbing* comienza es común que la víctima que antes nunca había tomado bajas por enfermedad comience a tomarlas con relativa frecuencia. En ocasiones, ni aun estando de baja médica, los acosadores y sus cómplices cesan en su acoso pudiendo recurrir a prácticas como llamadas telefónicas continuas a la víctima; difusión de comentarios en los que se pone en duda la existencia de tal enfermedad, afirmando que la baja es una excusa para no cumplir con las obligaciones laborales y estar de compras, fiestas y viajes con sus amigos mientras sus sufridos compañeros tienen que hacer su trabajo; quejarse de que la víctima no les llama para preguntarles si el trabajo se está ejecutando sin ningún problema, lo cual califican como falta de solidaridad y ética; cuando alguien pregunta por la víctima hacen comentarios ofensivos sobre ella y/o no les dice que está de baja laboral sino que no ha venido a trabajar; incluso se llega al extremo de que cuando alguien hace un débil intento por defender los derechos laborales de la víctima se le dice de forma rotunda que *"ESA PERSONA NO EXISTE"*. Con esta afirmación, de una maldad indescriptible, acosador y cómplice se regodean de haber hundido a una persona a la que, además, ya la dan por desaparecida, simplemente, ya no existe para la organización; no está de baja laboral transitoria sino que *"está muerta"*. No obstante, cuando la víctima se reincorpore a su puesto tampoco estarán contentos pues tienen que *"volverla a soportar"*; sólo el consuelo de que podrán seguir destruyéndola les hace soportable la situación, gratamente soportable.

Fase VI: Salida de la organización o resistencia con las últimas fuerzas

A esta altura del proceso de *mobbing* el acosador *"campa a sus anchas"* al igual que sus cómplices y la víctima se encuentra realmente enferma lo cual estará afectando, desde hace tiempo, a la realización de su trabajo en la organización. Ante este panorama y, hablando en términos generales, la exclusión de la víctima del mundo laboral es cuestión de tiempo, de poco tiempo. En muchos de los casos, ya sea por dimisión, despidos, jubilaciones anticipadas, invalidez y, a veces, incluso, con pérdida de la vida (suicidio, accidentes laborales mortales, etc.), la víctima abandona la empresa.

En las empresas privadas el acoso psicológico en el trabajo suele terminar de alguna de las formas anteriores, pero en la Administración Pública la situación suele ser un poco diferente. La víctima puede abandonar su trabajo definitivamente mediante alguna de las vías anteriormente citadas, pero también puede optar por pedir un traslado de puesto de trabajo (aunque esta decisión perjudique su estatus, salario,...), o bien, solicitar excedencias voluntarias. Así, va resistiendo hasta que consiga recuperarse, porque del *mobbing* la víctima se puede recuperar, en cambio, el acosador no puede recuperarse jamás de lo que es: un ser despreciable indigno de ser llamado ser humano, tiene forma humana pero no lo es y tal vez nunca a lo largo de su despreciable vida lo haya sido.

El *mobbing* provoca un sufrimiento a la víctima, el cual va en aumento a medida que se pasa de una fase a otra (gráfico 2). No obstante, una víctima de *mobbing* dejará de serlo cuando *"consiga hablar del problema sin nervios, sin lloros, sin rencor, con total normalidad y naturalidad, incluso bromeando y riéndose del sufrimiento pasado. El daño ya está hecho. El objetivo es EMPEZAR DE NUEVO y aprender de la situación vivida"* (López Cabarcos y Vázquez Rodríguez, 2003: 207).

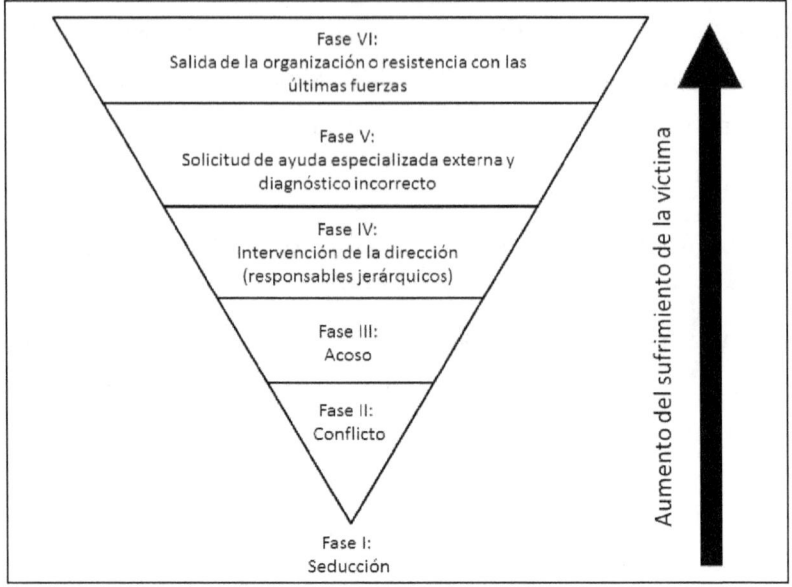

Gráfico 2. Relación entre las fases del *mobbing* y el grado de sufrimiento de la víctima. Fuente: elaboración propia.

2.6. Estrategias utilizadas por el acosador en el proceso de *mobbing*

Si bien en páginas anteriores se han comentado algunas de las estrategias utilizadas por el acosador en el proceso de acoso psicológico en el trabajo, parece oportuno detenerse en su descripción al objeto de facilitar la detección de situaciones de *mobbing*. Son muy variadas y suele utilizarse una combinación de ellas en la mayoría de las ocasiones. Entre las principales se pueden citar las siguientes (Piñuel y Zabala, 2001: 59-60):

- Gritar, avasallar o insultar a la víctima cuando está sola o en presencia de otras personas.

- Asignar objetivos o proyectos con plazos inalcanzables o imposibles de cumplir y tareas inacabables en ese tiempo.
- Quitarle áreas de responsabilidad clave, ofreciéndole a cambio tareas rutinarias, sin interés o incluso ningún trabajo que realizar hasta que *"se aburra y se vaya"*.
- Ignorarle o excluirle, hablando sólo a una tercera persona presente, simulando su no existencia o su no presencia física en la oficina o en las reuniones a las que asiste.
- Retener información crucial para su trabajo o manipularla para inducirle a un error en su desempeño laboral, y acusarle después de negligencia o faltas profesionales.
- Difamar a la víctima, extendiendo por la empresa rumores falsos que influyen de manera negativa en su reputación y en su imagen.
- Ignorar los éxitos profesionales o atribuirlos a otras personas o a elementos ajenos a él, como la casualidad, la suerte, la situación del mercado, el cónyuge, sus progenitores.
- Criticar continuamente su trabajo, sus ideas, sus propuestas, sus soluciones, caricaturizándolas o parodiándolas.
- Monitorizar o controlar malintencionadamente su trabajo con vistas a atacarle o a encontrarle faltas o formas de acusarle de algo.
- Castigar duramente cualquier toma de decisión o iniciativa personal en el marco de sus responsabilidades y atribuciones como una falta grave de obediencia a la jerarquía.

- Invadir la privacidad del acosado accediendo a su correo, su teléfono, revisando sus documentos, armarios, cajones, etc., y, además, sustrayendo elementos claves para su trabajo.
- Animar a otros compañeros a participar en cualquiera de las acciones anteriores mediante la persuasión, la coacción o el abuso de autoridad.

Teniendo en cuenta lo expuesto, a la víctima de *mobbing* no siempre le es fácil probar o demostrar los abusos de los que está siendo objeto a pesar de la profunda huella psicológica que en ella está dejando cada una de estas acciones, debido a que muchas de esas actividades el acosador no suele hacerlas dejando testigos (que le acusen) de sus acciones. Y si la víctima se atreviese a hacerlo público corre el riesgo, muy real, de ser acusada de haberse inventado los hechos que cuenta, pues no tiene pruebas, siendo la palabra de la víctima contra la del acosador. Después de todo, algunos expertos sostienen que el *mobbing "se trata del crimen perfecto, no deja huella"* (Piñuel y Zabala, 2001: 107)[8], o ¿sí que deja huellas posibles de detectar si se sabe y se quiere mirar y buscar? En este sentido, todas las estrategias utilizadas por el acosador para infligir daño a su víctima antes señaladas pueden ser utilizadas como test personal para averiguar si se es víctima de *mobbing*. Por tal motivo, se puede afirmar que el crimen perfecto no existe y, en el caso de que exista, no se trata del *mobbing*, lo cual para algu-

---

[8] El Barómetro CISNEROS XI (2009) señala que no llega al 1% los casos de *mobbing* que llegan a los tribunales en forma de denuncias; no hay que olvidar que es un delito muy difícil de demostrar, cometido de una forma muy sutil que no deja huellas físicas pero sí de carácter psíquico y muy graves.

nos será fuente de inmensa esperanza y alegría y para otros NO, ya sabemos para quienes.

2.7. Consecuencias psicológicas, laborales y económicas para la víctima de *mobbing*

El *mobbing* no tiene las mismas consecuencias ni provoca las mismas reacciones en todas las personas, debido fundamentalmente a que las diferencias entre las habilidades, capacidades y recursos de afrontamiento entre ellas pueden ser muy distintos, cada persona es diferente, hay personas más sensibles que otras, más fuertes que otras, más positivas que otras, pero en lo que están de acuerdo todos los investigadores sobre el tema (y por supuesto, las víctimas lo están aún más) es que el acoso psicológico en el trabajo les ocasiona consecuencias muy devastadoras y sería inhumano negarles la condición de víctima. *"Las víctimas son inocentes y los culpables son los verdugos, culpables de perseguir a las víctimas inocentes"* (Gerard, 2002: 157).

Ovejero Bernal (2006: 111-112) afirma que ante tal proceso de acoso psicológico *"probablemente cualquiera de nosotros desarrollaría esos mismos "rasgos de personalidad" [que desarrolla la víctima de mobbing], que no son sino meras reacciones a la situación ambiental concreta de acoso. [...] pues el llamado "síndrome del acosado" y sus rasgos supuestamente patológicos no son sino la natural consecuencia del propio proceso de acoso"*.

Existen diferentes estudios empíricos que abordan los efectos del *mobbing* sobre sus víctimas. Agervold y Mikkelsen (2004: 336) concluyen en su estudio que las víctimas de *mobbing* presentan mayores síntomas de estrés y fatiga mental que aquellos trabajadores que no sufren este tipo de acoso. Por otro lado, Meseguer de Pedro *et al.* (2008: 367) señalan que existe una relación positiva y significativa entre la existencia de acoso psicológico en el lugar de trabajo y la aparición de síntomas psicosomáticos (dolores de cabeza, problemas de sueño,...) en las víctimas del mismo. Asimismo, Carnero *et al.* (2012: 322), observan que los trabajadores que sufren *mobbing* tienen una peor salud que los que no son víctimas de acoso psicológico en el trabajo.

En general, el *mobbing* ocasiona en la víctima consecuencias graves y de distinta índole, que se pueden agrupar en tres grandes bloques: a) psicológicas; b) laborales; y, c) económicas. A continuación, se comentan los aspectos más importantes de cada una de ellas.

a) Consecuencias psicológicas

A través del *mobbing* se ejerce una violencia psicológica sobre la víctima, de ahí que no sea de extrañar que la víctima sufra daños psíquicos y precise de tratamiento psicológico para resolverlos. *"¡Qué paradoja!, los gabinetes psicológicos están llenos y los juzgados vacíos"* (López Cabarcos y Vázquez Rodríguez, 2003: 229). Las consecuencias psicológicas que sufre la víctima de *mobbing* son muy variadas y entre ellas se pueden señalar las siguientes (Piñuel y Zabala, 2001; López Cabarcos y Vázquez Rodríguez, 2003):

- Lento deterioro de la confianza en sí mismo y en sus capacidades profesionales.
- Proceso de desvaloración personal.
- Desarrollo de la culpabilidad.
- Creencia de haber cometido verdaderamente errores, fallos o incumplimientos.
- Somatización del conflicto: enfermedades físicas.
- Trastornos de sueño, ansiedad, estrés, angustia, depresión, crisis nerviosas, irritabilidad, hipervigilancia, cansancio, debilidad.
- Trastornos de la personalidad: obsesiva, represiva o resignada.
- Inseguridad emocional, torpeza, indecisión, conflictos con otras personas e incluso familiares, problemas de relación con la pareja, aislamiento del entorno social y familiar.
- Suicidio (es el mayor triunfo del acosador de una víctima de *mobbing*).

Todo lo anterior se puede agravar ante situaciones como la incomprensión de la familia ante la situación, la falta de apoyo de los familiares ante los intentos de la víctima de hacer frente a la situación, legal o psicológicamente, el rechazo por parte del entorno de la víctima cansados de la "obsesión" con el problema laboral, la traición de los compañeros de trabajo al pasar a engrosar las filas de cómplices.

El *mobbing* además de dañar seriamente la salud de la víctima genera en ella una gran desconfianza hacia los seres humanos, ello le dificultará volver a confiar en alguien lo que afectará seriamente a sus relaciones personales.

b) Consecuencias laborales

El *mobbing* al influir de forma negativa en la salud de la víctima provocará que el desempeño de su trabajo en la organización también se vea afectado de forma desfavorable, situación que aprovechará el acosador para intensificar el acoso psicológico en el trabajo. El desenlace habitual de la situación de acoso psicológico en el trabajo suele ser la salida de la víctima de la organización.

Resulta paradójico que las personas deban trabajar para ganarse el sustento y que, precisamente, esa lucha por la supervivencia pueda significar la causa de *"su HUNDIMIENTO y RUINA MORAL"* (López Cabarcos y Vázquez Rodríguez, 2003: 20). Las consecuencias laborales o efectos en la esfera profesional son muy diversas y entre ellas se pueden citar las siguientes (Piñuel y Zabala, 2001; López Cabarcos y Vázquez Rodríguez, 2003):

- Se reduce su autoestima por las continuas manipulaciones y acusaciones malévolas del acosador, lo que merma considerablemente la calidad de su trabajo.
- Abandono de su puesto de trabajo durante temporadas largas, lo que hace que la víctima pierda las capacidades y habilidades necesarias para realizar sus tareas, y

cuando las realiza se le crítica con el fin de generarle inseguridad e incrementar la probabilidad de que cometa errores.
- Se elimina la comunicación de otros compañeros con la víctima, por lo que disminuyen los contactos y la posibilidad de que la víctima pueda intercambiar conocimientos y enriquecerse profesionalmente.
- Se distorsiona la información que se le da y se le engaña con el fin de inducirle a cometer errores en su trabajo.
- Se restringe su derecho a ser formado (no permitiéndole realizar cursos, asistir a seminarios y congresos, etc.), por lo que tiene dificultades para capacitarse.
- Se levantan calumnias y rumores que afectan a la imagen profesional que puede dar a terceros.
- Se distorsiona la calidad de su desempeño mediante evaluaciones negativas proporcionadas por el hostigador.
- Mala imagen en los sectores de actividad laboral próximos, lo que le dificultará encontrar un nuevo puesto de trabajo, debido a que en muchos casos, el *mobbing* persiste incluso después de la salida de la víctima de la empresa, con informes negativos o calumniosos a futuros contratantes, eliminando así la empleabilidad externa de la víctima (lo que se podría llamar re-*mobbing*).

La recuperación definitiva de la víctima suele durar años y, en casos extremos, no se recupera nunca la capacidad de trabajo. En muchas ocasiones, la víctima queda tan dañada por la situación sufrida que le lleva a evitar toda nueva situación laboral que le ponga de bruces con la posibilidad de volver a vivir ese maltrato, pudiendo llegar a tomar la decisión, en algunos casos, de autoexcluirse definitivamente del circuito laboral (Franco, 2003: 14).

c) Consecuencias económicas

Además de los problemas de salud y laborales, pronto surgen los problemas económicos, que agravarán más los problemas de salud y en el trabajo (si todavía está en su puesto de trabajo). Entre las consecuencias económicas que tiene el *mobbing* para la víctima se pueden citar las siguientes (Piñuel y Zabala, 2001; López Cabarcos y Vázquez Rodríguez, 2003):

- Reducción del sueldo por baja laboral.
- Pérdida del sueldo por abandono "voluntario" del trabajo, por despido (con o sin indemnización), o bien, por incapacidad laboral total o parcial.
- Dificultad para hacer frente a compromisos económicos derivados de gastos médicos, legales o del propio desarrollo de la vida (facturas telefónicas, hipotecas,...). Todo ello puede agotar sus reservas financieras y obligarle a tener que vender su patrimonio.

2.8. Estrategias de la víctima de *mobbing* para conseguir superarlo

La víctima tendrá que poner en marcha una serie de estrategias para superar los problemas asociados al *mobbing*. Piñuel y Zabala (2001: 186) señala que *"las estrategias para afrontar y enfrentar al acosador laboral exigen el despliegue de un intenso trabajo personal, lleno de autodisciplina, en el que la persona objeto de acoso psicológico en el trabajo debe desempeñar sucesivamente diferentes papeles como observador, investigador, terapeuta, asesor legal, etc.".*

La víctima tiene por delante un duro trabajo que realizar, pero ha de llevarlo a cabo. Por duro y difícil que sea, tiene que sobrevivir y volver a vivir, es su vida ¿quién es el acosador para disponer de ella a su antojo? ¿quiénes se creen los cómplices que son para estar siempre incordiando? En ocasiones, la víctima llegará a pensar que no lo va a conseguir, pero si se lo propone lo superará y habrá valido la pena, pues su vida vale la pena. Ha de conseguirlo aunque sea por simple egoísmo personal.

Existe vida después del *mobbing* y puede ser tan maravillosa y extraordinaria como la víctima de *mobbing* quiera que sea. Sí, ha sido víctima de *mobbing* ¿y qué?, todavía sigue aquí, VIVA ¿no es eso un triunfo después de los días, semanas, meses o años de sufrimiento que ha pasado? ¿después de aquellas noches presa de los peores síntomas de la depresión en la que creía que no volvería a ver un nuevo día jamás?

Probablemente no haya conseguido ni que el acosador sea sancionado por la organización y su único triunfo sea que sus familiares, sus amigos y sus médicos sepan lo que le ha sucedido, conozcan los nombres del acosador y sus cómplices. Pero superarlo, volver a ser feliz, volver a poner en marcha sus sueños, su vida, eso sí es triunfar. ¡Ha vencido! Sí, lo ha hecho. Y esta es la idea que debe instalar la víctima de *mob-*

bing en su mente, y para conseguirlo sólo tiene que intentarlo, si lo intenta lo conseguirá porque después de todo lo que ha sufrido todavía sigue en este mundo ¿cómo se le va a resistir algo de este calibre?

Decir todo esto es fácil, también lo es escribirlo y aconsejarlo, pero la realidad del día a día es otra cosa diferente, bastante diferente. Aún así la víctima lo tiene que intentar, tiene que recuperarse. Con ayuda puede conseguir volver a ser otra vez dueña de su destino, de su vida, pero necesita ayuda especializada, y debe ser lo suficientemente valiente para buscarla YA, lo antes posible, las heridas dejan una cicatriz menos fea cuando se tratan a tiempo. Pedir ayuda cuando se necesita es un acto de valentía, lo cobarde es no pedirla estando inmensamente necesitado de ella.

La víctima debe pensar: ¿Y qué si voy al psicólogo, al psiquiatra y además necesito medicación para el día a día? He sido valiente, he visto que necesito ayuda y no he dudado en pedirla. Sigo siendo un ser humano digno de respeto como cualquier otro ser humano.

Quizás si toda persona que necesita ayuda psicológica tuviera la valentía para pedirla las cosas en este mundo irían mucho mejor. Tal vez, ni siquiera fuese necesario hablar de que en las organizaciones puede darse un problema denominado acoso psicológico en el trabajo o *mobbing*.

La superación del *mobbing* pasa por distintas fases. Así, González de Rivera y Revuelta (2002: 192) señala siete fases para superar el trauma que ha sufrido la víctima de *mobbing*, que son:

a) Centrarse y tomar posesión de la propia vida.
b) Mantener la calma.
c) Minimizar el daño.
d) Entender la situación.
e) Definir y decidir la condición en la que querer posicionarse.
f) Actuar, no reaccionar.
g) Gestión positiva del cambio. Ser agente creativo de estabilidad y progreso social.

En términos similares se pronuncia Piñuel y Zabala (2001: 188-189) al definir sus fases en la superación del acoso psicológico en el trabajo, concretándolas en las siguientes:

a) Fase I. Identificación del problema como *mobbing* o acoso psicológico en el trabajo.
b) Fase II. Desactivación emocional.
c) Fase III. Elaboración de la respuesta al acoso psicológico mediante la extroyección.
d) Fase IV. Superación del problema e integración en la perspectiva vital de la víctima.

El tiempo que precisa la víctima para pasar de una etapa a otra depende de cada persona, no es posible determinarlo, unas víctimas necesitarán más tiempo y otras menos. Lo importante, es que la víctima consiga llegar a la última etapa le cueste el tiempo que le cueste.

El mobbing no puede ser un crimen perfecto

Piñuel y Zabala (2015: 25) señala que *"recuperada la convicción de su inocencia, las víctimas pueden sentirse al fin merecedoras de lo bueno. Pueden defenderse y reivindicar el derecho fundamental de todo ser humano a la dignidad, al respeto...también, claro está, en su trabajo. Al ir cada día al trabajo no dejamos colgados afuera, junto a nuestro abrigo nuestros derechos fundamentales como seres humanos"*.

La víctima tiene que conseguir librarse de todo sentimiento de vergüenza y de culpabilidad, ella no es la culpable, no tiene que avergonzarse de nada. A medida que tales sentimientos desaparezcan de su interior irá creciendo su nivel de fortaleza y se sentirá capaz de reponerse de lo que le ha acontecido. Y tal vez incluso luchar por sacar a la luz lo que le han hecho, indicando con nombre y apellidos quien se lo ha hecho, poniendo así al descubierto al acosador y a sus cómplices. Con todo el trabajo que se han tenido el acosador y los cómplices *"es una pena que no sea mundialmente conocido tanto esfuerzo realizado"*.

Piñuel y Zabala (2001:289) completa sus fases para la superación del *mobbing* con una serie de estrategias personales de supervivencia que la víctima de *mobbing* puede utilizar para superarlo, las cuales se recogen a continuación:

- Identificar el problema del *mobbing* como tal: formarse e informarse sobre el problema.
- Documentar y registrar las agresiones de que se es objeto desde el inicio.

- Hacer públicas las agresiones que se reciben en la intimidad y en secreto y comunicarlas a compañeros, jefes, directivos, asesores, pareja, amigos, familiares, etc.
- Desactivarse emocionalmente: evitar reaccionar ante los ataques.
- Controlar y canalizar la ira y el resentimiento. La ira es la aliada del acosador y, por ello, es preciso evitar *"explotar"* de ira.
- Afrontar el problema. Esto hace recular al acosador, que es cobarde en el fondo.
- Dar respuesta a las calumnias y críticas destructivas con asertividad (sin pasividad ni agresividad).
- Proteger los datos, documentos y archivos del propio trabajo y guardar todo bajo llave.
- Evitar el aislamiento social: hacerlo público y afrontar socialmente la situación de acoso.
- Rechazar la inculpación, sin aceptación ni justificación, mediante la extroyección.
- No intentar convencer o hacer bueno al acosador cuya naturaleza psicópata le imposibilita el examen de conciencia o recapacitar moralmente.
- Incrementar los propios grados de libertad: recuperar los márgenes de actuación y las posibilidades de elección.
- Desarrollar la empleabilidad propia: incrementar la formación y capacitación profesional.
- Ir conscientemente a la baja laboral o a la renuncia voluntaria antes de permitir ser destruido psíquicamente.
- Solicitar desde el principio asesoramiento psicológico especializado.

- Solicitar consejo legal para hacer valer y defender los derechos propios.
- Desarrollar una potente autoestima a prueba de acosadores.
- Desarrollar el poder curativo del humor (no sarcástico).
- Permitirse llorar por el daño propio.
- Perdonar al acosador como forma de liberación final.

Algunas de estas estrategias le resultarán a la víctima mucho más fácil de poner en práctica que otras pero lo que es indudable es que le ayudarán en su proceso de recuperación. Tal vez, la que le resulte más difícil de realizar sea la última, lleva tiempo perdonar a alguien que decidió destruirte psicológicamente por el puro placer de hacerlo. Se puede comenzar por intentar olvidarlo, que no esté presente siempre en la mente de la víctima, que vaya ocupando un lugar cada vez más pequeño en sus pensamientos y en sus pesadillas, por el propio bien de la víctima. En este camino de envío del *mobbing* al olvido, se puede intentar primero semiolvidar y luego con un poco de suerte casi casi olvidarlo, pero perdonar eso es diferente, muy diferente. Y no es que la víctima no quiera perdonar a su acosador y a los cómplices de éste, es que su razón le dice que deben ser castigados por el abominable delito cometido a su persona.

En la cuestión del perdón, Séneca en su tratado De la clemencia aporta unas reflexiones de gran interés. Según este autor, "*el perdón es la remisión de la pena merecida, el perdón es la condonación de la pena debida, perdonar es no castigar a quien crees merecedor de castigo. Y el sabio no debe darlo; es perdonado aquel a quien se debía el castigo, pero el sabio no hace nada más que lo que debe, nada omite de lo que debe, por eso no condena la pena que ha de exigir. Lo que se quiere conseguir con el perdón lo va a conseguir por un camino más honesto porque el sabio se condolerá, mirará por el bien ajeno, corregirá, hará lo mismo que si perdonase, pero no perdonará, porque quien perdona, confiesa haber omitido algo que debió hacer".*

Debe reseñarse que Séneca se inclina más por la clemencia que por el perdón al considerarla mucho más honorable, al mismo tiempo también considera que las ofensas e injurias realizadas deben ser castigadas no por venganza sino para enmendar a los que las han cometido, para que así desistan de hacerlas.

Sí, la clemencia puede ser más honorable que el perdón, pero para la víctima incluso la clemencia será tarea muy costosa. El acosador y sus cómplices deben recibir un castigo por su despreciable comportamiento, no por venganza, sino para que no lo vuelvan a hacer. Si no son castigados volverán a hacerlo una y otra vez, como un asesino en serie continua cometiendo crímenes hasta que es detenido o su vida termina.

También es de interés saber si existen factores que incrementen la efectividad con la cual una persona puede hacer frente al *mobbing* y Leymann (1996a: 87) señala una serie de acciones que una persona puede realizar para limitar, paliar o minimizar los efectos del *mobbing*, incrementando así su resistencia ante esta nueva plaga laboral de nuestros días. Los factores de resistencia al psicoterror que señala el citado autor son los siguientes:

1. Conservar la buena forma física y mental.
2. Incrementar la confianza en sí mismo.
3. Mantener la consideración del entorno.
4. Asegurar el apoyo del entorno familiar y social.
5. Reforzar y estabilizar la situación económica, personal y familiar.
6. Incrementar el margen de maniobra de uno mismo.
7. Mejorar la capacidad de moverse en el entorno social. Esta última se compone a su vez de dos: a) adiestrarse en adquirir y dominar la capacidad de resolver problemas (adiestramiento en habilidades sociales); y, b) mantener la red social de contactos personales (saber moverse de manera efectiva en la sociedad).

En la medida en que la víctima de *mobbing* conozca y trabaje en reforzarlos, aumentarán las probabilidades de que le sean de utilidad. Una persona que sufre *mobbing* entra en un período de parálisis personal, no es capaz de avanzar en su vida, tiene muchos problemas para tomar decisiones objetivas. No desea relacionarse con otras personas, busca el aislamiento social. Ese aislamiento no es la solución. Aunque se sienta agotada y realmente deprimida no puede quedarse en casa aislada del mundo.

Ante el agotamiento que siente se podría pensar que lo recomendable es quedarse en casa, tranquilo, y descansar y dormir, pero no es lo correcto porque el acoso se colará en sus sueños. Por tanto, debe obligarse a salir de casa. Ha de buscar lugares agradables a los que ir en los que se encuentre con personas respetuosas con los demás, alegres y vitales.

Tiene que buscar rodearse de un entorno agradable desde que sale del puesto de trabajo. No es tan difícil, afortunadamente todas las personas no tienen podrida el alma. Por ejemplo no ir a comprar la comida a grandes superficies sino a pequeños mercados en los que hay una relación más personal entre comprador y vendedor, y si el vendedor sabe llevar bien su negocio será amable, agradable y respetuoso. Por supuesto, lo hace para mantener la clientela y su nivel de ventas pero después de haber sido acosado durante toda la jornada laboral apetece mucho un cambio de aire y ser tratado como una persona.

La víctima de *mobbing* debería hacer un esfuerzo y practicar deportes en grupo u otro tipo de actividades en las que tenga que interactuar con personas que sean respetuosas con los demás, corteses, agradables, en definitiva normales, (no del tipo de personas que hay en su puesto de trabajo a los que evidentemente no se puede denominar compañeros de trabajo sino "coincidentes laborales"), para de esta manera recuperar la fe que ha perdido en el ser humano, al mismo tiempo que toma conciencia de que no todo el mundo lo desprecia y lo odia y quiere hacerle daño porque sí, que eso sólo ocurre en su puesto de trabajo en el que las personas que le rodean están enfermas de maldad.

Este tipo de actividades le ayudarán a encontrar el equilibrio que ha perdido pero siempre que acuda a ellas con la actitud adecuada. Debe recordar que acude a ellas para que salga de su mente el acoso que sufre en el puesto de trabajo así que no puede llegar a este nuevo grupo y empezar a contar lo que le pasa, no puede ir a *"vender penas"*, por dos motivos. Primero, porque si acude a realizar estas actividades es para evadirse y, segundo, todas las personas por muy felices que parezcan tienen sus problemas, toda persona en mayor o menor cantidad tiene su cosecha de penas así que no van a comprar más de un producto que ya poseen y no desearían tener. Si va vendiendo este producto no le va a ir nada bien. Si conoces a una nueva persona y sólo se dedica a contarte lo desgraciada que es, tendrás consideración durante unas pocas semanas pero luego intentarás evitarla, porque el ser humano necesita felicidad y alegría tanto como el aire para respirar. La tristeza no es lo que se desea desayunar, almorzar, merendar y cenar.

Superar el daño que ocasiona el acoso psicológico en el trabajo no es una tarea fácil. En la vida se pueden escoger dos caminos: la tristeza y la alegría. La tristeza sólo trae más tristeza, no aporta nada positivo a la vida de una persona pero tiene la ventaja de que es el camino fácil porque la vida nos da muchos motivos para estar tristes. En cambio la alegría aporta grandes ventajas para la vida pero tiene el inconveniente de que es un camino difícil, pero si eres víctima de *mobbing* y sigues en pie para ti no será tan difícil, ya estás acostumbrado a situaciones difíciles. Por tanto, ¿por qué no lo intentas? ¿por qué no elegir el camino difícil si las recompensas son mayores que las que proporciona el camino fácil? Elígelo. Anímate. Vale la pena.

La persona que sufre *mobbing* necesita sentirte apreciada, *"está falta de cariño"* y esto la pone en alto riesgo y debe ser consciente de ello y protegerse. El *mobbing* le ha permitido conocer la maldad que una persona puede albergar en su interior y esa maldad no sólo está en las personas que le rodean en el puesto de trabajo y debe tenerlo presente siempre, especialmente, cuando relata a otras personas lo que le están haciendo en la empresa. Puede suceder que entre esas personas que le escuchan exista alguna con un grado de maldad alto y se *"aproveche"* de lo que le está contando para hacerle mal en un futuro y esto incluye a terapeutas y *"falsos amigos"*.

Esto no significa que la víctima no pueda decir a nadie lo que le pasa, que no pueda confiar en otras personas, no en absoluto. Debe contar lo que le pasa, darlo a conocer, ese trabajo que hacen con tanto ahínco acosador y cómplices se ha de dar a conocer, pero por supuesto no puede estar constantemente hablando de ello porque le hace mal y además es agotador para las personas que le rodean. Hablar de ello sí pero con moderación. Igualmente, confiar en los demás pero con prudencia.

Capítulo 3

Responsabilidad de la empresa ante el *mobbing*

"Shenzhen, China - Foxconn Technology, proveedor taiwanés de componentes para Apple, que se enfrenta a una oleada de suicidios en su fábrica del sur de China, tomó el miércoles varias medidas radicales, como pedir a sus empleados que se comprometan por escrito a no quitarse la vida."

Agence France Presse (26/05/2010)

3.1. Sectores económicos más afectados por el *mobbing*

El *mobbing* puede producirse en cualquier sector económico, si bien algunos son más proclives que otros a padecerlo como es el caso del sector público (Hirigoyen, 2001: 110). La razón de ello se encuentra en su carácter más intensamente reglamentado, la obsolescencia de buena parte de sus paradigmas de regulación organizativa, el reglamentismo utilizado y una cultura basada en el control, la jerarquía y el poder (López Cabarcos y Vázquez Rodríguez, 2003: 75).

Además, la duración del proceso de *mobbing* presenta diferencias entre el sector público y el sector privado. El acoso psicológico en el trabajo en el sector público puede durar años mientras que en el sector privado raramente dura más de un año (Hirigoyen, 2001: 104). Esta diferencia temporal puede ser explicada debido a que en el sector público, en principio, los trabajadores no pueden ser despedidos ni suelen ellos irse por iniciativa propia, por lo que se recurre a otro mecanismo para conseguir que abandonen la organización: destruirlos mediante el *mobbing*. En cambio, en el sector privado es más fácil despedir a alguien aunque la ley exige que haya motivos para ello, no obstante, gracias al impacto del *mobbing* en la personalidad y desempeño de la víctima, se pueden obtener las oportunas justificaciones para ello (bajo rendimiento laboral, toma de decisiones erróneas, conflictividad con los compañeros, bajas laborales continuadas, etc.). A ello hay que añadir un aspecto muy relevante y es el hecho de que en el sector privado, al empresario le sale costoso tener a una persona en la empresa sin asignarle ningún trabajo, o bien, realizando tareas inútiles para la firma, en cambio al acosador público le es indiferente esta cuestión porque los sueldos los paga el Estado y no él de su bolsillo[9].

El acoso psicológico en el trabajo se encuentra sólidamente instalado en la administración del Estado, en la sanidad, en las universidades, en instituciones altamente reglamentadas y homogéneas (escuelas, fuerzas armadas, etc.) y en las instituciones conservadoras que presentan una escasa tolerancia a la diversidad y fuertes vínculos e identidades compartidas entre sus miembros (López Cabarcos y Vázquez Rodríguez, 2003: 75).

Si se tiene en cuenta el grado de intensidad del acoso psicológico en el trabajo, son las instituciones públicas, las universidades, los hospitales, los centros de enseñanza, el ejército, el

---

[9] El acosador público está destruyendo psicológicamente a una persona, siendo altamente probable, desafortunadamente, que salga inmune del delito y, además, no tiene en cuenta que lo está haciendo con dinero del Estado. Entonces, ¿si se le fuera a acusar ante la justicia por cuántos delitos se le acusaría?, ¿tendría que indemnizar sólo a la víctima de acoso psicológico en el trabajo?

mundo profesional de la investigación, del deporte y de la política los que ocupan los puestos más elevados, pero también hay que considerar otros sectores con importante incidencia como el sector de la hostelería, los negocios familiares, las instituciones y organizaciones caritativas y las empresas con trabajadores contratados en condiciones precarias (Hirigoyen, 2001; López Cabarcos y Vázquez Rodríguez, 2003). En definitiva, el *mobbing* es mayor en los sectores en los que las tareas no están definidas y, por tanto, siempre hay ocasión de reprocharle algo a alguien, y menor en el sector de la producción, sobre todo si es producción técnica (Hirigoyen, 2001: 109). Relevantes son las conclusiones del estudio empírico de Hubert y Veldhoven (2001: 423) quienes observaron que el sector con mayor riesgo de sufrir casos de *mobbing* es el sector de la educación.

En la encuesta de EUROFUND citada en el capítulo anterior sobre las condiciones del trabajo en Europa para el año 2005, se constata que el sector público sufre una mayor incidencia del acoso psicológico en el trabajo (6%) que el sector privado (4%); siendo los sectores más afectados: administración pública, educación, sanidad y trabajo social, defensa, hoteles y restaurantes. En cuanto al tamaño de las empresas, las empresas grandes (con más de 250 trabajadores) presentan un mayor índice de acoso que las empresas pequeñas, llegando a elevarse a un 8%. En este sentido, y como señala Hirigoyen (2001: 126), las grandes empresas no son las únicas en las que se producen casos de acoso psicológico en el trabajo, en las pequeñas y medianas empresas también aparece este despreciable comportamiento, pudiendo llegar a rayar el sadismo. Los resultados de la quinta encuesta realizada en el año 2010 presentan resultados similares.

3.2. Perfil de la empresa favorecedora del *mobbing*

Al igual que se puede elaborar un perfil de las partes implicadas en el proceso de *mobbing* (víctima, acosador y cómplices), también se puede establecer un perfil de la empresa que favorece que se produzcan en ella casos de acoso psicológico en el trabajo.

El carácter cerrado o autosuficiente de algunas organizaciones y que en ellas prevalezcan aspectos como el poder o el control sobre la productividad, la cooperación o la eficacia, unido al miedo del trabajador al desempleo (aspecto que se vuelve mucho más crítico en momentos de crisis económica) son factores clave para que en una empresa aparezca el problema laboral denominado *mobbing* (López Cabarcos y Vázquez Rodríguez, 2003: 75).

A lo anterior se pueden añadir otros aspectos que también favorecen la aparición del acoso psicológico en el trabajo en una empresa como son (Piñuel y Zabala, 2001; López Cabarcos y Vázquez Rodríguez, 2003; Muñoz Floresi *et al.*, 2006):

   a) una pobre organización del trabajo;
   b) una deficiente gestión de los conflictos;
   c) un estilo de supervisión y control organizativo inadecuado;

d) un estilo de dirección autoritario;
e) el fomento de la competitividad interpersonal como valor cultural;
f) la ausencia de ética empresarial;
g) la falta de formación en *management* y liderazgo;
h) el fomento del clima de inseguridad personal y laboral;
i) la persecución de la solidaridad, la confianza y el compañerismo como valores sospechosos o antiempresariales;
j) una alta burocratización;
k) una elevada sobrecarga de trabajo; y,
l) la productividad no es evaluada de forma externa.

Se han realizado a lo largo de los años diferentes estudios empíricos en torno a esta cuestión. Así, Moreno Jiménez *et al.* (2005: 630) muestran en su estudio cómo una pobre política organizacional y la existencia de contratos temporales o de obra (inestabilidad laboral) están asociados a la aparición del acoso psicológico en el trabajo. En el estudio de Muñoz Floresi *et al.* (2006: 355) se pone de manifiesto que en las organizaciones el clima de apoyo y el clima de reglas se relaciona con una menor presencia de prácticas de acoso psicológico, mientras que el clima de metas parece ser un entorno propicio para las prácticas de *mobbing* al igual que los procesos de cambio organizacional. Por su parte, Rodríguez Muñoz *et al.* (2006: 333) demuestran que la dificultad de la tarea a realizar y un exigente ritmo de trabajo favorecen la aparición del *mobbing*, mientras que la autonomía y reconocimiento del trabajo realizado atenúan su presencia en la organización. Por su parte, Topa Cantisano *et al.* (2006: 766) comprueban que la cultura que exista en la organización fomentará o desalentará la aparición del *mobbing*, ocurriendo lo primero si se permite o alienta la violencia psíquica y lo segundo si no es tolerada.

Los resultados del Barómetro CISNEROS XI (2009) destacan como inductores más frecuentes del *mobbing* en el seno de las organizaciones los siguientes: falta de reconocimiento del trabajo realizado, falta de comunicación en el grupo de trabajo, falta de participación del trabajador en la toma de decisiones que le afectan, control excesivo del trabajo, falta de apoyo por parte de los superiores, rivalidades y envidias y falta de colaboración entre compañeros. Por su parte, Carnero *et al.* (2010: 3784), concluyen que las condiciones de trabajo y las características del mismo (sector, tamaño de la empresa,...) son más importantes para explicar el *mobbing* que las características personales de la víctima (género, posesión de estudios superiores, etc.).

En este apartado cabe hacer una especial mención al *neomanagement*, esa forma de dirigir organizaciones y personas mediante la continua destrucción de los recursos humanos, del clima laboral y del entorno organizativo. Perfecto caldo de cultivo para la aparición del estrés, del *burnout* y del *mobbing*, entre otros, cuenta, como no, con dos grandes protagonistas: los jefes tóxicos y sus inevitables, desafortunadas y desgraciadas víctimas. Por tanto, se puede hablar de la existencia de *"organizaciones tóxicas"*, ya que trabajar en ellas perjudica la salud de una gran parte de sus trabajadores (Piñuel y Zabala, 2004: 69).

El *neomanagement* es definido por Piñuel y Zabala (2004: 24) como *"un conjunto de enunciados y prescripciones en materia de dirección de empresas y personas que se fundamenta en la ideología y las "bases" filosófico-religiosas de la nueva economía sacrificial que domina en la actualidad el panorama ideológico empresarial y organizativo, y que son ampliamente compartidos por directivos y trabajadores"*.

Este ámbito laboral va a favorecer a aquellos individuos más expertos en instrumentalizar y manipular a los demás para sus propios fines. La psicología califica a tales individuos como psicópatas, en este caso concreto al referirnos a organizaciones, se les puede denominar psicópatas organizacionales. Tales individuos son recompensados, promocionados y nombrados directivos estrella dentro de las organizaciones que dirigen, creando a su alrededor un entorno laboral tóxico para los demás trabajadores, a los que les quedan dos opciones: imitar a sus jefes o marcharse de la organización no sin antes haber sufrido considerablemente (Piñuel y Zabala, 2004: 39).

Una de las características más tóxicas del *neomanagement* es el hecho de que la dirección y la organización de la empresa no pueden llevarse adelante sino a costa del periódico despliegue de mecanismos victimarios que se saldan con trabajadores una y otra vez victimizados (Piñuel y Zabala, 2004: 47). En estos entornos laborales la violencia se hace cada vez más sutil hasta convertirse en una violencia psicológica difícil de acreditar ante los tribunales (p. 48).

La naturaleza mimética del ser humano y la propia inseguridad de las personas que buscan una trascendencia en la imitación de aquellos que son tenidos como modelos sociales (como es el caso de directivos de notorio éxito mediático), explican por qué, a lo largo del tiempo, van a surgir nuevos neomanagers a fuerza de clonar los modelos observados y tenidos por buenos entre los directivos anteriores (Piñuel y Zabala, 2004: 49-50).

Los psicópatas organizacionales aniquilan el capital intelectual humano y extinguen la creatividad, la iniciativa y la comunicación en las organizaciones en las que se instalan, dando lugar a que las personas subyugadas o sometidas por el miedo se transformen en trabajadores desmotivados y alienados de su propio trabajo, propagando así a su alrededor una atmósfera de mediocridad y temor, pero no todas las empresas son iguales y algunas, no muchas, se dan cuenta de que no resulta de interés para ellas mantener en su seno directivos tóxicos dado el coste humano y económico derivado de la devastación organizativa que generalizan a su alrededor (Piñuel y Zabala, 2004: 77, 103). Desafortunadamente, muchas empresas no piensan así, por lo que mantienen y fomentan este tipo de jefes tóxicos, y el hecho de que las cifras de casos de acoso psicológico en el trabajo sigan aumentando es una muestra palpable de ello.

3.3. Consecuencias para la empresa derivadas de la existencia de *mobbing*

Hay quienes sostienen que en una organización es normal e incluso hasta deseable que se produzca el *mobbing*, pues consideran que constituye un buen instrumento para crear un entorno de competencia entre los trabajadores permitiendo además seleccionar a los mejores para luchar en un mundo cada vez más complejo e inhumano. Este razonamiento es total y absolutamente calificable de patológico, pues atenta a los valores éticos, a los derechos humanos, a una buena y saludable dirección de la empresa, en definitiva, no tiene cabida en una organización sana, pero sí en una organización enferma, tóxica y perversa.

Las consecuencias perjudiciales de que exista *mobbing* en una empresa no son únicamente para la persona que lo padece, la víctima, sino que también afecta y, desfavorablemente, a la empresa en la que se produce esta deplorable práctica. El *mobbing* no es un juego patológico con resultado cero en el que el fracaso de uno permite la victoria de otro, al contrario, con el *mobbing* pierden todos: la víctima en primer lugar pero también la empresa pues el clima de tensión que ocasiona el *mobbing* lleva a una caída generalizada en el rendimiento (Sánchez Cabaco, 1999: 247), y a muchos otros efectos igualmente devastadores. El acoso psicológico en el trabajo es un importante obstáculo para la eficiencia organizacional y la productividad, y supone un importante coste económico para las organizaciones y para las economías en su conjunto (Boddy, 2011: 376).

No hay duda de que las empresas en las que se desencadenan los procesos de *mobbing* sufren, entre otras consecuencias (López Cabarcos y Vázquez Rodríguez, 2003):

a) una disminución de su productividad y de su eficacia por el mal clima de trabajo;

b) un aumento del tiempo de trabajo perdido en bajas laborales, enfermedades, accidentes e incapacidades;

c) la necesidad de formar nuevos trabajadores para sustituir a los que están de baja médica o se han ido, a lo que hay que sumar el coste del tiempo de adaptación necesario al puesto de trabajo del nuevo empleado;

d) la pérdida de los trabajadores más brillantes (tanto los que son objeto de *mobbing* como aquellos que tienen características parecidas a la víctima y piensan que serán los siguientes);

e) la desaparición de la eficiencia por la extensión de la mediocridad técnica y humana (síndrome MIA);

f) un mal clima de trabajo que dificultará la realización de tareas en equipo así como la colaboración y la comunicación entre miembros de la organización; y,

g) un peor trato tanto a los clientes como a los proveedores (con lo cual disminuirá su número).

Todo ello terminará reflejándose tanto en el producto final que ofrece la empresa como en su cuenta de resultados, acarreando efectos negativos sobre su imagen y reputación.

Tampoco hay que olvidar que las reclamaciones y denuncias interpuestas por la víctima incrementarán el nivel de costes soportados por las empresas al tener que indemnizarlas por los daños infligidos. Al hacerse público el caso de *mobbing* se dará una imagen a los clientes, proveedores y a la sociedad en general nada positiva, especialmente en los tiempos actuales en los que, debido a la crisis financiera, existe un especial cuestionamiento del sistema capitalista vigente y de su clase empresarial, así como un mayor conocimiento acerca de los efectos destructivos del *mobbing* sobre la persona que lo padece.

Si una actuación de *mobbing* supone la quiebra del sistema productivo de la empresa se debe eliminar el origen de la agresión, so pena de acabar destruyendo todo el entramado de la misma, lo que redundaría en la pérdida de la competitividad. *"Por ello es imprescindible que el acosador modifique su actitud o desaparezca de la empresa porque el riesgo de extender dicha actuación es muy grande"* (Rodríguez López, 2004: 201). Que un acosador sea capaz de modificar su actitud y sobre todo que no vuelva a actuar de forma tan perversa nunca más, sería realmente ideal, pero dado el perfil que presentan este tipo de personas no es muy probable, así que lo más seguro para la empresa es que no continúe trabajando en ella. Pero si el dueño de la empresa es el acosador ¿cómo resolver el problema? Desde el punto de vista de que la salud es muy valiosa y no se debe poner en peligro, la respuesta es: abandonar la empresa, pero hacer público el motivo del abandono aunque sólo sea a nivel de familiares y amigos, pues el boca a boca funciona, y al menos el acosador no habrá ganado la partida.

La empresa debe ser consciente de que tiene que proteger a sus trabajadores del acoso psicológico en el trabajo aunque sólo sea por su propio interés, para conseguir que su cifra de resultados no descienda y no se ponga en peligro la supervivencia de los negocios. Con el *mobbing* pierden todos, empleados y empresa.

Stouten *et al.* (2010: 17) afirman que la existencia en la empresa de un liderazgo ético está relacionado negativamente con la existencia en su seno del *mobbing* debido a que los líderes éticos lucharán por crear un ambiente de trabajo, tanto en su aspecto cuantitativo como cualitativo, que no favorezca la aparición del acoso psicológico en el lugar de trabajo. Estos líderes harán todo lo posible para crear un ambiente de trabajo no estresante (p. 23), al mismo tiempo que pueden ser un ejemplo y modelo de comportamiento ético para el resto de los trabajadores lo que puede disminuir las inclinaciones de estos a desarrollar una conducta desviada (*mobbing*) que es muy angustiante para todos los empleados que la padecen (p. 25).

3.4. Consecuencias del *mobbing* para la sociedad

Se ha afirmado que la sociedad moderna está facilitando y potenciando el *mobbing* más que en épocas anteriores alcanzando unas cotas y una gravedad antes nunca conocidas, y ello es debido a que algunos rasgos de nuestra sociedad actual lo facilitan y hasta lo promueven. Así, según Ovejero Bernal (2006: 117-118):

1. En la actual sociedad postmoderna existe una generalizada repugnancia por la violencia física así como una gran oposición hacia ella por parte de la opinión públi-

ca. En consecuencia, las personas que sufren ciertas patologías, como es el caso de los acosadores, utilizan dentro de las organizaciones la violencia psicológica, porque hay menos oposición social a ella.

2. En las democracias occidentales están muy bien tipificados los delitos por violencia física y el matonismo físico es severamente castigado, lo que hace que el acosador se convierta en un feroz matón psicológico, puesto que el acoso psicológico es más difícil de demostrar.

3. A medida que las personas y, en este caso, los trabajadores de cualquier organización poseen mayor nivel profesional y cultural, más se sofistican, siendo menos probable que acudan a la violencia física y más a la psicológica.

4. Y, sobre todo, la actual sociedad se caracteriza por un fuerte darwinismo social, un profundo hedonismo y por un feroz individualismo, lo que facilita la estrategia del acosador.

Entre los seres humanos existen buenas y malas rivalidades. Por un lado, se encuentra la sana emulación de aquellos que rivalizan exclusivamente por la eficacia en el respectivo cumplimiento del deber, pero por otro están las malas rivalidades de quienes no se dominan a sí mismos, siendo estas rivalidades sin freno las que *"no contribuyen a la buena marcha de las sociedades, sino que, al contrario, las debilitan. Quienes se entregan a ellas, encarnan la tempestad"* (Girard, 2002: 63-64).

Con sancionar a los acosadores no es suficiente, hay que ir un paso más allá: cambiar las mentalidades que les han permitido actuar de este modo, hay que actuar al nivel de toda la sociedad (Hirigoyen, 2001: 276). Las víctimas deben dar su testimonio y los profesionales en temas de *mobbing* deben explicarlo para que toda la sociedad, y no sólo las empresas, puedan cambiar (p. 277), es necesario por tanto mentalizar y educar a las personas en relación a *"la adopción de patrones morales de comportamiento que aseguren la solidaridad, la unidad, la confianza, la integridad y ¡la dignidad personal!"* (López Cabarcos y Vázquez Rodríguez, 2003: 19).

Es importante e imprescindible *"que la sociedad, tanto las instituciones públicas como las personas individuales, se hagan conscientes de esta realidad y tomen partido al respecto. Cada persona debe decidir si está dispuesta a aceptar la coacción y la amenaza como modo de vida, la desconsideración y la falta de respeto hacia lo diferente como algo justificable. Y si no se está de acuerdo con estas conductas, en la medida de lo posible debe evitarlas o ayudar a evitarlas, y si no es posible, denunciarlas. La libertad individual y la colectiva, por extensión, está en juego"* (Pastrana Jiménez, 2002: 180).

Al igual que el *mobbing* tiene consecuencias desfavorables para la empresa y mucho más para la persona que lo padece, también se pueden señalar consecuencias negativas para la sociedad en general, como se deduce de todo lo comentado, entre ellas se pueden citar las siguientes:

- Pérdida de fuerza de trabajo y de población activa.
- Disminución del capital intelectual humano de las empresas.
- Impacto económico negativo debido a la baja productividad.

- Aumento en la población de las atribuciones negativas de los efectos del trabajo, generándose un clima de inquietud y de miedo.
- Aumento del gasto económico por las bajas laborales, jubilaciones e incapacidades temporales o permanentes.
- Aumento del gasto económico de asistencia por enfermedad.
- Creación de una sociedad en la que por un lado, las víctimas eluden relacionarse con nuevas personas por miedo a que les vuelva a ocurrir lo mismo (se vuelven más desconfiadas) y, por otro, los psicópatas acosadores consideran que están por encima de la ley y continúan haciendo *"su trabajo de acosador"*. Esta división de la sociedad en dos segmentos: víctimas y acosadores, va provocando poco a poco que la sociedad se enferme, nada recomendable en ningún país, ni de un punto de vista humano ni económico.

En tiempos de mundialización, de reestructuraciónes y de fusiones de empresas, el *mobbing conduce "a la gente a perder la confianza en sí misma y a dejar de implicarse en el mundo laboral"* (Hirigoyen, 2001: 108). Todo ello se agrava en períodos de crisis económica. El *mobbing* tiene para la sociedad un coste elevadísimo del que todavía no se ha tomado la debida conciencia, pues no sólo son costes humanos sino también costes económicos. En algunos países ya se ha comenzado a tomar medidas al respecto. Así, en Suecia, país pionero en el estudio de este problema, con la intención de proteger el presupuesto público de las cargas financieras derivadas del *mobbing*, desde los años noventa, se obliga a las empresas a presentar un plan de rehabilitación profesional ante la Administración cuando un trabajador cause baja por un mes, o bien, tenga 6 bajas durante un periodo de 12 meses; esta normativa tiene el propósito de situar el coste de la rehabilitación en sus orígenes, allí donde las condiciones de trabajo degradantes son causa de perniciosas consecuencias.

Pastrana Jiménez (2002: 179) realiza un interesante estudio con el objetivo de conocer el coste del *mobbing* en España. Partiendo de los datos del Ministerio de Trabajo y Asuntos Sociales a lo largo de 2002, año en el que se realizó el estudio, se muestra que se invirtieron en Incapacidad Temporal en los regímenes general y autónomos un total de 3.077,28 millones de euros. Teniendo en cuenta que se detectó la presencia de una prevalencia del 1,71% de casos de *mobbing* en estos regímenes laborales, se alcanza un importe de gasto de 52.621.488 de euros a lo largo de todo el año. Tratando de conocer más datos generales extrapolables desde estas cifras, sabiendo el coste de cada episodio actual y de su duración, se puede llegar a estimar que es posible que en España al año se estén produciendo, al menos el pasado, 7.356 bajas, con un total de 1.856.858 días de trabajo perdidos por enfermedad gracias al acoso psicológico en el trabajo. Más de 1.850.000 días perdidos y más de 52 millones de euros gastados en España por el *mobbing* cada año son un exceso para una sociedad como la española (p. 179).

Por su parte, Giga *et al.* (2008: 3) analizan el coste que supone el *mobbing* en el Reino Unido. Estos autores señalan que en el año 2007 en dicho país el *mobbing* supuso un coste total para las empresas de aproximadamente 13,75 billones de libras esterlinas (por absentismo, pérdida de productividad y renovación del personal), y alrededor de 200.000 trabajadores dejaron sus puestos de trabajo debido al acoso psicológico que sufrían en el mismo.

Dado que el *mobbing* ha ido aumentando año tras año en España, en el Reino Unido y en general en todos los países sería muy interesante conocer a cuánto se elevaría a fecha de hoy el coste del *mobbing*.

3.5. Responsabilidades de la empresa derivadas de la existencia de *mobbing*

Las organizaciones de nuestros días son conscientes de que si realizan una evaluación de la violencia psicológica que se desarrolla en su seno la van a encontrar por todas partes. Por ello, es mejor no evaluar, no medir, y eso, a pesar de que hace mucho tiempo que se sabe que en el mundo de la empresa y de los recursos humanos todo aquello que no se mide no se puede gestionar (Piñuel y Zabala, 2008: 39). La verdad de la violencia es una verdad incómoda, pues su reconocimiento e identificación tiende a bloquear y dificultar que las cosas sigan funcionando según su curso normal, del mismo modo que antes. Eliminar esa violencia supone que muchas cosas tendrían que cambiar y muchas formas de hacer habrían de modificarse (p. 39).

No obstante lo anterior, la empresa en la que se producen actos de *mobbing* tiene un problema que no puede obviar, que tiene que resolver y lo tiene que hacer lo antes posible. Acabar con este tipo de prácticas exige situar el problema en el contexto correcto que es la asombrosa despreocupación que actualmente presentan muchas organizaciones por sus trabajadores, por sus personas. Por tanto, parece obvio que si se quiere erradicar del mundo laboral el acoso psicológico en el trabajo se necesita un comportamiento serio, ético y responsable por parte de la organización y sus miembros ante este tipo de violencia.

Los dirigentes de las empresas tienen que encargarse de muchas funciones (administrativas, contables, de gestión de personal, etc.), pero eso *"no les exonera de la obligación de luchar contra la violencia bajo todas sus formas tomando las medidas necesarias para sancionarlas. [...] Las jerarquías [de las empresas] deberían dejar de defender sistemáticamente, por espíritu corporativo, a los ejecutivos acusados de acoso moral. [...] Ese proceder es lo que les lleva a perpetuarlas y agravarlas"* (Hirigoyen, 2001: 269). La empresa debería preocuparse tanto por las personas como lo hace por las cifras, no dejando actuar a los acosadores y tomando medidas al respecto (p. 274), pues como afirman Einarsen y Hauge (2006: 267), la protección de la salud, la seguridad, el respeto y la dignidad de los trabajadores es el elemento central de la responsabilidad de los empresarios en una sociedad democrática.

Leymann (1996c: 172) señala que en las sociedades de nuestro mundo occidental, altamente industrializado, el lugar de trabajo constituye el último campo de batalla en el que una persona puede matar a otra sin ningún riesgo de llegar a ser procesada ante un tribunal. Piñuel y Zabala (2001: 58) habla de la empresa en la que acontece el *mobbing* como *"campo de concentración"*. Estas afirmaciones de destacados investigadores sobre el tema del *mobbing* demuestran que el acoso psicológico en el trabajo es un grave problema que es preciso erradicar de la empresa.

La mayor o menor importancia que puedan tener los costes económicos derivados del *mobbing* en la empresa, no es justificación para que la misma decida afrontar el problema sólo por este motivo (aunque tal motivo se podría *"admitir por válido"* si con ello se consigue erradicar el *mobbing*), sino que el criterio fundamental que debe seguir la empresa al solucionar este problema debe ser promover la salud de sus trabajadores y velar porque ésta se mantenga en el tiempo. Un empresario responsable tiene que defender los intereses de sus trabajadores y establecer los mecanismos adecuados para conseguir tener y mantener un ambiente de trabajo seguro, apropiado y libre de hostilidades y cualquier otro riesgo. Por otro lado, el no hacerlo le puede costar minar la reputación de la empresa y, tal vez lo que más le preocupe, su cifra de beneficio al final del ejercicio económico.

Piñuel y Zabala (2001: 34) comenta, dirigiéndose directamente al empresario, que si la razón que le mueve para tomar medidas que erradiquen el *mobbing* en su empresa no es la ética empresarial que al menos lo haga por mantener cifras positivas en su cuenta de resultados, pero va más allá con el siguiente comentario: *"Créame si le digo que una cuarta parte de sus trabajadores han experimentado (o experimentarán) en algún momento de sus vidas este triste fenómeno. Puede que usted también ... Quién sabe ...".*

La organización tiene la obligación legal de velar por la salud de sus trabajadores, por tanto, resulta lógico derivar una responsabilidad por los hechos que se han cometido en su seno (Piñuel y Zabala y Oñate Cantero, 2003: 6). Leymann (1996c: 179) afirma que un buen directivo debe ser capaz de leer los primeros síntomas de un proceso de *mobbing* en curso. Con lo cual ya está haciendo responsable a la organización de este tipo de violencia.

Toda empresa debería poner en funcionamiento una serie de mecanismos para prevenir que en su seno se produzcan casos de *mobbing* y en el caso de detectar que existen solucionarlos lo más rápido posible. En este proceso de erradicación del *mobbing* en las organizaciones se podrían señalar dos importantes pasos a seguir:

1º. Adoptar medidas de prevención del *mobbing*, al mismo tiempo que se realiza una vigilancia continua a fin de detectar posibles casos de acoso psicológico en el trabajo.

2º. En el caso de detectar casos de *mobbing*, actuar lo más rápido posible, de forma eficaz y con medidas que desalienten la aparición de futuros casos.

Todo lo enunciado parte de la hipótesis de que realmente la empresa quiere que no exista *mobbing* en su seno, pero si no se cumple tal hipótesis las leyes deben ayudar a la víctima a liberarse de su acosador. A continuación se examinan ambos pasos.

Adopción de medidas de prevención del *mobbing*, al mismo tiempo que se realiza una vigilancia continua a fin de detectar posibles casos de acoso psicológico en el trabajo

La empresa debe establecer reglamentos internos y políticas adecuadas sobre el ambiente del trabajo, ética y trato digno e igualitario entre todos los miembros de la organización. Estas normas proporcionarán a los empleadores, a los trabajadores y a sus representantes una guía para identificar, prevenir y resolver los problemas de acoso que se presenten en el lugar de trabajo; lejos de limitarse a sancionar estos comportamientos una vez producidos, tratan, por el contrario, de ofrecer un enfoque preventivo para evitar que éstos puedan tener lugar, detectando el problema en sus inicios, cuando la solución es más plausible (Velasco Portero, 2010: 73), y el sufrimiento de la víctima aun es reversible. Estos reglamentos deben recoger dos grandes bloques de medidas:

a) Para impedir que se produzcan casos de *mobbing*, y,
b) En el caso de que sean descubiertos casos de *mobbing*, establecer medidas urgentes para eliminarlo, indemnizando a la víctima y sancionando al acosador.

Autores como Hirigoyen (2001: 268) consideran que con medidas preventivas *"no se podrá en modo alguno cambiar la voluntad de causar daño de un perverso narcisista, pero al menos se le podrá contener y se podrá poner límites a su destructividad. En cuan-*

to a los asalariados que tienden a seguir al grupo, correrán menos riesgo de resbalar si el grupo funciona sanamente".

En el contenido de estos reglamentos y políticas se deben incluir aspectos como los siguientes (Hirigoyen, 2001; Piñuel y Zabala, 2001; Rodríguez López, 2004; Slin, 2006; Velasco Portero, 2010):

a) Fomento del compromiso de la empresa hacia objetivos en los que se rechaza la violencia y se explicita que además será sancionada, sin mirar quién es la víctima y quién el acosador, con total independencia de la posición jerárquica que ocupen en la organización.

b) Educar a los trabajadores en normas de buena conducta, definiendo con claridad qué se acepta y qué no se acepta.

c) Formación del personal en la detección de riesgos en el entorno de trabajo, definiéndose claramente los distintos tipos de acoso como el *mobbing*. Y además formarlos en las estrategias más apropiadas a seguir para hacer frente a estos riesgos.

d) Formación de los trabajadores de cualquier nivel en la resolución de conflictos.

e) Indicar explícitamente el procedimiento a seguir por el trabajador que se considere víctima de *mobbing* (cómo actuar, a quién acudir). El procedimiento debe ser simple, confidencial y ofrecer varias alternativas.

f) Desarrollo de reglas claras, explícitas y públicas sobre la resolución de conflictos que garanticen el derecho a la queja, al anonimato y que consideren la posibilidad de acudir a sistemas de mediación y arbitraje. Además, de establecer con claridad y de forma explícita las posibles sanciones que podrán ser aplicadas al acosador.

g) Instauración de programas de asistencia a los trabajadores con el fin de proporcionar asesoramiento y apoyo a las víctimas.

h) Establecer medidas de seguimiento de la situación una vez se haya resuelto el problema de *mobbing* e impuestas las sanciones pertinentes (dará a la víctima una mayor seguridad personal y también protección frente a su acosador y cómplices).

i) Proporcionar a los trabajadores información clara y concreta de las actividades que deben realizar, cómo realizarlas, medios de los que disponen, objetivos a alcanzar,...

j) Diseño, rediseño y control de los procedimientos de trabajo contando con la opinión y experiencia de los trabajadores que los desempeñan, con la finalidad clara y explícita de mejorarlos.

k) Fomento de estilos de dirección más participativos y respetuosos, que permitan un margen significativo de autonomía a los trabajadores y respeten su dignidad como ser humano.

l) Formación de los directivos y mandos intermedios en liderazgo, dirección de personas, resolución de conflictos, comunicación, habilidades sociales, desarrollo de recursos humanos, prevención del estrés, etc. No se nace con los conocimientos precisos para dirigir personas de forma eficiente, respetuosa y sana sino que, al contrario, tales conocimientos se tienen que adquirir y no todos son capaces de alcanzarlos.

m) Establecimiento de sistemas de comunicación eficaces en la organización a todos los niveles.

n) Establecimiento de buenas condiciones de trabajo (prevenir el enrarecimiento del clima laboral, incentivar la colaboración, cooperación y confianza entre los trabajadores, velar por la prevención del estrés en los trabajadores, incentivar las transferencias de conocimiento entre ellos no la retención de la información, fomentar la formación del trabajador, reducir la precarización e inseguridad laboral, etc.).

o) Establecer sistemas de promoción no perversos, que estén basados en el mérito del trabajador y no en el amiguismo, el nepotismo o el favoritismo. Diseñar sistemas de sucesión y desarrollo de carreras a largo plazo (así el trabajador considerará que *"cuentan con él"* para el funcionamiento futuro de la empresa).

p) Planificación, diseño y fomento de las relaciones sociales en la empresa.

También, sería recomendable que a la hora de seleccionar al personal se tuvieran en cuenta las características que definen el perfil de un acosador, a fin de evitar que este tipo de personas entren en la empresa por muy competentes que parezcan.

Estos reglamentos y políticas deben ser elaborados por la dirección de la empresa contando con la participación de los representantes de los trabajadores y los propios trabajadores, y deben recoger claramente que en la empresa no se aceptará ningún tipo de comportamiento que suponga o pueda inducir a los miembros de la organización a cualquier tipo de acoso. Para lograr que tales reglamentos y políticas sean eficaces se necesita el apoyo de la dirección y el compromiso de todos los miembros de la organización, además los trabajadores necesitan sentir que tales políticas y reglamentos son útiles para prevenir el *mobbing* y que se aplicarán sea quién sea la víctima y el acosador.

Estos reglamentos deben darse a conocer a todos los miembros de la organización, pero la organización ha de ser consciente que aunque hayan reglamentos, debe existir en la empresa una vigilancia activa para detectar y eliminar los casos de *mobbing*. No basta con la existencia de normas escritas, es necesario un proceso de vigilancia activa si se quiere erradicar este problema.

El camino hacia un lugar de trabajo libre de acoso es también el camino hacia unas condiciones de vida y trabajo saludables, igual que en el caso de los riesgos laborales la prevención es la orientación básica para evitar situaciones de violencia psicológica en el trabajo (Aramburu-Zabala, 2002: 348).

La Agencia Europea para la Seguridad y Salud en el Trabajo en un informe del año 2002 recoge una serie de recomendaciones generales para prevenir el acoso laboral, pues considera que la prevención del *mobbing* es un elemento básico para mejorar la vida laboral y evitar la exclusión social, proponiendo la adopción de medidas en una fase temprana para evitar un entorno de trabajo destructivo, por lo que las empresas no deberían esperar a recibir las quejas de las víctimas para empezar a actuar. Este organismo considera necesaria una implicación madura, responsable y éticamente comprometida de las empresas y los trabajadores. Sus propuestas son:

- Ofrecer a cada trabajador/a la posibilidad de escoger la manera de realizar su trabajo.
- Reducir el volumen de trabajos monótonos y repetitivos.
- Aumentar la información sobre objetivos.
- Desarrollar el estilo democrático de dirección.
- Evitar especificaciones poco claras de funciones y tareas.

Además, también hace una serie de recomendaciones para crear una cultura organizativa con normas y valores contra el acoso psicológico tales como: favorecer la difusión del significado de acoso laboral, investigar el alcance y naturaleza de este problema y formular directrices claras para estimular interacciones sociales positivas, entre otras.

No obstante todo lo anterior, la mejor forma de convencer a los directivos de las empresas de que las estrategias de prevención son una buena inversión es demostrarles que la existencia del *mobbing* en sus organizaciones *"le sale caro"* (Hirigoyen, 2001: 275).

En el estudio realizado por Slin (2006: 421-422, 426-427) se muestra que de forma mayoritaria las organizaciones analizadas (tanto públicas como privadas) no facilitaban información alguna sobre el *mobbing* y cómo ni siquiera se había discutido al respecto, lo cual puede hacer pensar que no tengan reglamentos y políticas anti-*mobbing*. Además, más de la mitad de los trabajadores creían que sus respectivas compañías no tenían las suficientes competencias para lidiar con una situación de acoso en el caso de que se produjera observándose diferencias entre el sector público y el privado. Así, mientras que el 40% de los trabajadores en el sector privado sentía que su organización tenía suficientes capacidades para intervenir, en el ámbito público sólo el 20% de los trabajadores mostraban su acuerdo al respecto; las víctimas eran claramente más pesimistas que las no víctimas. Los resultados ponen de manifiesto que el tema del *mobbing* no parece tener demasiada prioridad en la agenda de las empresas y que ante el acoso psicológico en el trabajo mantienen una estrategia reactiva más que proactiva.

Los datos del Barómetro CISNEROS XI (2009) son también muy reveladores pues ponen de manifiesto que la mayoría de las organizaciones (53%) no disponen de protocolos específicos de actuación ante el *mobbing* y de aquellas que los tienen sólo un escaso 9,6% cuentan con protocolos eficaces de protección, siendo la tendencia más común entre las empresas que cuentan con protocolos que no los apliquen (20%). Para eliminar el acoso psicológico en el trabajo *"no basta con no cometerlo es necesario no permitirlo"* (Vélez Rodríguez, 2011: 1).

En esa labor de vigilancia continua o activa es de gran utilidad disponer de herramientas que ayuden a averiguar si la empresa está afectada por la enfermedad del *mobbing*, para lo cual se podrían plantear una serie de preguntas a la dirección de la empresa como las siguientes (Vélez Rodríguez, 2006: 1):

a) ¿Ha cambiado algún empleado radicalmente de comportamiento?
b) ¿Alguien que no faltaba nunca al trabajo sufre ahora de ausencias frecuentes y prolongadas?
c) ¿Rinde poco alguien que antes rendía mucho más?
d) ¿Ha recibido de un empleado quejas reiteradas sobre el comportamiento de uno de sus superiores?
e) ¿Algún empleado se encuentra marginado?
f) ¿Ha percibido algún comportamiento incorrecto o fuera de tono?
g) ¿Algún empleado le ha comentado que algo no va bien en la empresa?

Según las respuestas obtenidas se podrá determinar cuál es el índice de presencia del *mobbing* en la organización y actuar en consecuencia. Este cuestionario será de utilidad si se considera que la dirección de la empresa va a decir la verdad. Pero si se tiene la sospecha de que la dirección de la empresa está profundamente implicada en el proceso de *mobbing*, o bien se tienen sospechas más que infundadas de que no va a decir la verdad, las cuestiones apuntadas siguen siendo válidas y proporcionando pistas acerca de si el *mobbing* está presente en la organización o no, aunque en tal caso llegar a conocer la realidad que se está viviendo en la empresa ya no será una tarea tan fácil sino que requerirá de una actividad más detectivesca.

En el caso de detectar casos de *mobbing*, actuar lo más rápido posible, de forma eficaz y con medidas que desalienten la aparición de futuros casos

Si surgen casos de *mobbing* en la empresa a pesar de tener protocolos y políticas de prevención (ya que por tener tales medidas no necesariamente se erradica total y definitivamente el *mobbing*), éstas deben ser revisadas. El análisis de casos ayudará a mejorarlas, siendo recomendable aprender de ellos para llegar a establecer medidas de prevención mucho más eficaces para la organización.

La detección temprana del *mobbing* y la rapidez en darle una solución correcta evitará un gran sufrimiento a la víctima y podrá servir también como señal de que en la empresa este tipo de prácticas no son permitidas sino, todo lo contrario, perseguidas y sancionadas.

El acosador debe ser castigado públicamente por su delito, no de forma oculta y privada; y si continúa en la empresa, deberá ser sometido a vigilancia para evitar que vuelva a hacerlo otra vez. Cuanto mayor sea el número de personas que conozcan lo que ha sido capaz de hacer el acosador mucho mejor para el resto de trabajadores de la organización y de las demás. Hacer público lo que es el acosador no supone una vulneración de sus derechos sino todo lo contrario, es una forma de defender los derechos del resto.

La víctima debe ser *"indemnizada"*, pero aquí surge un problema de difícil solución: ¿cómo resarcir a una persona que ha sufrido acoso psicológico en su puesto de trabajo, a la que se ha intentado destruir por el simple capricho de un psicópata y perverso acosador?, ¿puede existir una indemnización adecuada, correcta y justa?, muchas víctimas afirmarían que no, que no la hay (tal vez después de que hayan pasado muchos años y hayan superado el sufrimiento pasado, algunas puedan decir cuál puede ser esa *"justa indemnización"* que se merecen). Volver a vivir, sin miedo y con la felicidad en el alma y en el corazón, quizás una víctima de *mobbing* aceptaría esto como indemnización.

Tampoco hay que olvidar que una persona cuya reputación profesional e incluso personal ha sido destruida (en este caso por el acosador y sus cómplices), tendrá dificultades para recuperarla; la reputación una vez perdida no es tan fácil de restituir, de recuperar. La empresa, cumpliendo con las responsabilidades que debe asumir en los casos de *mobbing* que se hayan producido en su seno, debería proporcionar a la víctima, de forma gratuita, ayuda del tipo que precise para que recupere la salud perdida. De esta forma la víctima no tendría tantos problemas económicos por tener que hacer frente a los costes de la ayuda especializada que necesita.

En este sentido se pronuncia también Leymann (1996c: 179), al afirmar que conforme un proceso de acoso se desarrolla es obligación de la dirección de la empresa proteger al individuo en peligro; se debe prevenir su estigmatización para que sea capaz de recuperar su reputación y habilidades previas, asimismo se le debe sugerir que tome baja por enfermedad y ofrecerle la posibilidad de reintegración y rehabilitación profesional. Dicho autor señala que permitir que una persona pase por un proceso de acoso psicológico, y por ello, desprenderse de ella, debe ser considerado y calificado como un fracaso de gestión mayúsculo.

En el estudio realizado por Slin (2006: 423), los resultados obtenidos muestran que la mayoría de las víctimas se muestran bastante decepcionadas en cuanto al apoyo y la ayuda recibida de sus superiores y de la organización; muchos afirmaron no haber recibido ningún tipo de ayuda de la dirección a pesar de haberla solicitado.

Resultados similares son aportados por el Barómetro CISNEROS XI (2009) que ponen de manifiesto que: a) dos de cada tres víctimas sienten que son abandonadas por la organización; y, b) que la organización presenta una gran pasividad e inhibición ante los casos de *mobbing*.

En cuanto a las personas que dentro de la organización asumen las tareas de prevención, vigilancia, detección y solución de los casos de *mobbing*, éstas deberían poseer una amplia formación acerca del acoso psicológico en el trabajo además de conocer la empresa con toda la profundidad que sea posible (funcionamiento, normas implícitas e explícitas, estructura de poder,...). Es preciso poseer conocimientos sobre el problema y sobre el lugar donde acontece para encontrar la solución acertada.

Todo lo anterior parte de la base de que la empresa por si misma será capaz de dar una solución acertada al caso del *mobbing*. Autores como Rojas Rivero (2005: 144) consideran que ante un posible caso de *mobbing* detectado en la empresa no parece que deba dejarse la investigación, exclusivamente, en manos de la empresa, especialmente, si hay sospechas de una fuerte implicación en la posible agresión de la propia dirección de la misma. Así, considera que sería conveniente regular un procedimiento especial que obligue a la apertura de un expediente de investigación en el que se nombre un instructor, con presencia siempre de los sindicatos o de los representantes legales de los trabajadores.

3.6. Mecanismos sociales (o externos a la empresa) para la prevención y erradicación del *mobbing*

3.6.1. El papel de los sindicatos en los procesos de *mobbing*

El sindicato como organización representativa y de defensa de los trabajadores tiene *"un papel fundamental que desempeñar en la lucha contra el acoso moral, utilizando para ello la cercanía que el sindicato tiene con el trabajador, allí donde se le está haciendo el daño, es decir en su puesto de trabajo. Es necesario sacar, cuanto antes a la víctima del mobbing de su soledad, de su incomprensión, de su angustia, de su impotencia y sobre todo de su aislamiento"* (González Cuevas, 2002: 205).

Este cometido comienza con un primer paso, consistente en invitar a los trabajadores que se sientan víctimas de este tipo de acoso a que se pongan en contacto con sus representantes sindicales sacando así el problema a la luz, y a continuación, ofreciendo confianza, seguridad y ayuda al acosado que se ha atrevido a denunciar a su acosador. Los sindicatos se encuentran en una mejor posición que la víctima y normalmente cuentan con mayores conocimientos jurídicos; que las denuncias de *mobbing* que reciban sean investigadas con el mayor grado de rigor posible y hagan todo lo que esté en su mano para resolverlas sería una ayuda inestimable para la víctima y para la eliminación de este problema del mundo laboral.

Una vez tengan la certeza de que se ha producido el acoso psicológico al trabajador, los sindicatos deben comunicarlo a la dirección de la empresa y si ésta no actúa dando una solución justa y correcta al problema, alzar el mismo a instancias superiores como la Inspección de Trabajo, al mismo tiempo que ofrecen apoyo jurídico a la víctima de *mobbing* para que realice todas las actuaciones que precise ante los órganos competentes para que cese la violencia de la que es objeto. Aunque el tipo de acoso que sufre no pueda ser calificado como *mobbing* también deben tomar las medidas necesarias para solucionar el conflicto.

La publicación y difusión por parte de los sindicatos de documentos explicando qué es el *mobbing* y los pasos a seguir cuando se es objeto de este tipo de violencia supone una gran ayuda, al igual que la realización de campañas de sensibilización, información y formación sobre el acoso psicológico en el trabajo. Todo ello debería llevar al conjunto de miembros de la organización a interrogarse sobre sus propios comportamientos con respecto a los demás y sobre los límites de lo que se considera aceptable.

La posesión de información sobre este problema puede ser de gran utilidad a las víctimas que, en la mayoría de las ocasiones, no saben cómo actuar ni a quién recurrir para solicitar ayuda. Y tal vez las campañas de sensibilización hagan mella en la conciencia de los cómplices y dejen de apoyar al acosador, al descubrir que lo que están haciendo es destruir psicológicamente a un ser humano que en muchas de las ocasiones ni conocen, con el que han cruzado tres palabras a lo largo de toda su vida en la empresa, al que no le han preguntado si lo que dice el acosador es cierto sino que, simplemente por un comportamiento mimético, han condenado, sin preocuparse de averiguar la verdad ni poner en duda los argumentos expuestos por el acosador; que tales campañas hagan mella en el acosador es más, mucho más, difícil.

Por supuesto para que los sindicatos puedan cumplir esta importante labor se necesita realizar un trabajo previo consistente en proporcionar formación en materia de *mobbing* a las personas que ostentan responsabilidades de representación sindical, ya que para abordar este tipo de problemas con ciertas garantías de éxito es fundamental tener un conocimiento mínimo del mismo. Así, es requisito necesario que dichos representantes conozcan qué es el *mobbing*, cómo se desarrolla, cuáles son sus consecuencias, etc., ello les permitirá detectar casos de este tipo e iniciar una intervención sindical inmediata. Pero toda esa formación no es suficiente garantía de éxito para solucionar el problema si falta en ese representante sindical otro aspecto clave y es que crea que el *mobbing* de verdad existe y es un problema grave para el ser humano (también para la empresa y la sociedad, pero en un segundo lugar). Si el representante sindical no está concienciado de que el *mobbing* existe, que es perjudicial para la víctima y que debe ser erradicado del mundo laboral no hará bien su trabajo (si es que lo hace), debiendo ser sustituido por otra persona que sí tenga esa concienciación.

Para vencer al *mobbing* es necesario querer hacerlo y hacerlo, para eso se debe tener la certeza, más allá de toda duda razonable, de que el acoso psicológico en el trabajo es una plaga que debe ser destruida.

En este mismo sentido se pronuncian Barón *et al.* (2003: 80) al señalar que las organizaciones sindicales han de jugar un papel primordial como interlocutores sociales en el problema del *mobbing*, constituyéndose como fuente de orientación natural del trabajador hacia los recursos profesionales con los que puede contar para afrontar el problema del *mobbing*. Los citados autores señalan que este primer contacto externo al de su organización laboral puede convertirse en un primer apoyo social para la víctima y ser interpretado por ella como un balance sobre las posibilidades de solución al hostigamiento, con lo que se convierte en un punto crucial de inflexión tanto en su estado anímico como en las probabilidades de dotarse de los medios legales para afrontar el proceso. También señalan los citados autores que *"en esta fase de contacto con el exterior, se corre el riesgo de que un tratamiento impersonal o burocrático desafortunado, suponga el agravamiento del problema por provocar un incremento de la desesperanza en la que se encuentra la persona acosada"* (p. 80), de ahí, la necesidad imperiosa de las organizaciones sindicales de *"dotarse de especialistas en el trata-*

miento del problema, con una sólida formación psicológica y jurídica" (p. 80).

Asimismo, durante la negociación colectiva los sindicatos deben intentar conseguir el compromiso de la dirección de la empresa para la erradicación del acoso y eso se debería plasmar en *"una declaración del más alto rango en la que se considere el acoso como un comportamiento inaceptable cuya eliminación es necesaria"* (Belandía, 2002: 201). Esta declaración sería el punto de partida para *"una labor formativa, dirigida en primera instancia a todos los mandos intermedios y posteriormente a todo el personal, en la que se fomentara el respeto a la dignidad de las personas como base de la convivencia en el lugar de trabajo y se facilitaran métodos de resolución positiva de los conflictos laborales y personales que surjan"* (p. 201).

Los convenios colectivos laborales deben recoger la definición y tipificación del *mobbing* pues constituyen el instrumento idóneo para la regulación del régimen disciplinario permitiendo también abordar cuestiones de prevención de riesgos laborales, por lo que es más que recomendable que en ellos se recoja como una infracción muy grave el acoso psicológico en el trabajo (González Cuevas, 2002: 216). La tipificación del *mobbing* dentro del convenio colectivo, supone, en primer término, la posibilidad de perseguir estas conductas cuando las mismas sean cometidas por personal incluido en el ámbito de aplicación del mismo, pero además esta tipificación supone en la práctica que el *mobbing* se convierte por esta vía *"en infracción del Orden social, aplicable al empresario y a sus agentes, que puede denunciarse ante la Inspección de Trabajo y que debe sancionarse por tanto por la Autoridad Laboral"* (p. 216).

La lucha contra el *mobbing* debe ser *"un eje fundamental en la defensa de la salud en el trabajo y en la actividad sindical en general. Las dificultades generadas tanto por las propias tradiciones sindicales como por las características del fenómeno del acoso no deben impedir una acción sindical eficaz en la defensa de las personas acosadas, enmarcada en una labor general de información sobre el fenómeno del acoso, de identificación de los factores que lo facilitan y de negociación de las medidas preventivas y correctoras, de los compromisos de la dirección y de los procedimientos de tratamiento rápido y eficaz de las denuncias que se produzcan"* (Belandía, 2002: 203). Por tal motivo, un sistema de relaciones laborales que *"ampara, consiente o simplemente no combate eficazmente la proliferación del hostigamiento intenso y sistemático en el lugar de trabajo, estaría cuestionando el sindicalismo y lo que es peor, contribuiría a la degeneración ética y moral de una sociedad"* (González Cuevas, 2002: 217).

3.6.2. La prensa como herramienta para hacer visible el *mobbing*

Además de los sindicatos, los medios de comunicación de cualquier tipo también pueden desempeñar un papel importante en la erradicación del *mobbing*, ya que son muy adecuados para dar publicidad a los casos que se producen en las organizaciones. Ellos conseguirán dar relevancia a este problema y pueden conseguir la implementación de medidas contra el *mobbing* que no consiguen las propias denuncias formales (Peña Pérez, 2011: 190).

En este sentido, es a partir del año 2000 cuando comienza a aparecer en mayor medida en los medios de comunicación españoles este problema laboral, observándose que su presencia y agudización se ha intensificado con el paso de los años. La ayuda que pueda prestar la prensa en apoyo de la divulgación de los casos de *mobbing* será positiva en la medida de que este problema laboral de nuestros días sea tratado de forma rigurosa, seria, objetiva, con la firme intención de prestar ayuda en la erradicación del mismo. Si por el contrario, se utiliza para captar más audiencia, vender más periódicos, etc., vana ayuda será.

La historia de nuestro mundo ha dado muestras, en más de una ocasión, de que *"ciertos problemas"*, dado el tema sobre el que versan, encuentran la solución adecuada, correcta, justa, rápida, a través de las vías no judiciales, por ejemplo, a través de la prensa (algún presidente de los Estados Unidos podría citar algún caso que tuvo gran trascendencia internacional en su momento). Esto no significa en ningún caso que la legislación haya que dejarla al margen.

3.6.3. La legislación en materia de *mobbing* en España

Es cierto que no se puede dejar en manos de los legisladores dar respuesta a todos los problemas que acontecen en la empresa y que ésta tiene que asumir sus responsabilidades y, en el caso que nos ocupa, tener tolerancia cero con el *mobbing*. No obstante, también la legislación debe hacer un esfuerzo por recoger legalmente este grave problema laboral de nuestro tiempo que padecen un elevado número de trabajadores. Así, al igual que la sociedad, los jueces son cada vez más conscientes de la existencia en las organizaciones del problema del acoso psicológico en el trabajo.

La existencia de una legislación que considere específicamente este delito es un refuerzo para las víctimas y quizás también puede ser un elemento disuasorio para el acosador. Los resultados del Barómetro CISNEROS XI (2009) ponen de manifiesto que los trabajadores consideran necesaria la existencia de una regulación protectora y disuasoria; así, por ejemplo, el 58,10% de los trabajadores consideran que el *mobbing* debería ser considerado como delito laboral y penal. Este mismo informe señala también que no llega al 1% los casos de *mobbing* que llegan a los tribunales en forma de denuncias; no hay que olvidar que es un delito muy difícil de demostrar, cometido de una forma muy sutil que no deja huellas físicas pero sí de carácter psíquico y muy graves. Esta dificultad en probar la agresión sufrida no deber ser considerada como sinónimo de impunidad, los casos de *mobbing* no se pueden tolerar y es preciso denunciarlos, evitando así que el acosador encuentre amparo en dicha dificultad probatoria del delito eludiendo así su responsabilidad por la despreciable agresión cometida.

Ha sido en fechas recientes cuando en España, a través de la aprobación de la Ley Orgánica 5/2010, de 22 de junio, por la que se modifica la Ley Orgánica 10/1995, de 23 de noviembre, del Código Penal, se tipifique el delito de acoso psicológico en el trabajo, siguiendo la estela de otros países de nuestro entorno, en los que ya estaba regulado desde muchos años atrás.

Este hecho puede verse como un paso hacia adelante en la protección de los derechos de los trabajadores y en el reconocimiento definitivo de la intervención del Derecho penal ante determinadas situaciones de hostigamiento en las que se ve afectada una persona como consecuencia del desarrollo de su actividad laboral.

En concreto, la Ley Orgánica 5/2010, define en su preámbulo la figura del acoso laboral entendiendo por tal *"el hostigamiento psicológico u hostil en el marco de cualquier actividad laboral o funcionarial que humille al que lo sufre, imponiendo situaciones de grave ofensa a la dignidad"*. Así mismo, modifica el artículo 173.1 del Código Penal que establece que *"el que infligiera a otra persona un trato degradante, menoscabando gravemente su integridad moral, será castigado con la pena de prisión de seis meses a dos años"*, para añadir un segundo párrafo con la siguiente redacción: *"con la misma pena serán castigados los que, en el ámbito de cualquier relación laboral o funcionarial y prevaliéndose de su relación de superioridad, realicen contra otro de forma reiterada actos hostiles o humillantes que, sin llegar a constituir trato degradante, supongan grave acoso contra la víctima"*.

Debe destacarse que el delito de acoso psicológico en el trabajo haya sido ubicado dentro de los delitos contra la integridad moral, lo que ya anticipa que el principal bien jurídico a proteger será la dignidad de las personas, aunque ceñida a un delimitado entorno como son las relaciones laborales y funcionariales; es precisamente la existencia de esas relaciones laborales y funcionariales la que permite diferenciarlo de otros tipos de acoso. Se viene, por tanto, con esta Ley a proteger uno de los derechos más básicos del ser humano recogido en el artículo 15 de la Constitución Española[10] y en el artículo 5 de la Declaración Universal de los Derechos Humanos de 1948[11].

Es importante destacar, como señala Girard (2002: 217) que *"en lo que actualmente se llaman "derechos humanos", lo esencial reside en comprender que todo individuo o grupo de individuos puede convertirse en el "chivo expiatorio" de su propia comunidad. Hacer hincapié en los derechos humanos significa esforzarse en prevenir y encauzar los apasionamientos miméticos incontrolables".*

---

[10] El artículo 15 de la Constitución Española está redactado en los siguientes términos: *"Todos tienen derecho a la vida y a la integridad física y moral, sin que, en ningún caso, puedan ser sometidos a tortura ni a penas o tratos inhumanos o degradantes. Queda abolida la pena de muerte, salvo lo que puedan disponer las leyes penales militares para tiempos de guerra".*

[11] El artículo 5 de la Declaración Universal de los Derechos Humanos de 1948 está redactado de la siguiente forma: *"Nadie será sometido a torturas ni a penas o tratos crueles, inhumanos o degradantes".*

Unas palabras finales

En su trabajo de 2015, Piñuel y Zabala señala que la investigación sobre la denominada lacra del mundo laboral de nuestros días ha ido avanzando considerablemente con el paso de los años pero quedan temas por resolver por lo que hay que continuar investigando. En este sentido, entre otras cuestiones, el citado autor apunta lo siguiente: *"queda por resolver la inquietante cuestión de lo que hacemos socialmente con los psicópatas y las personalidades psicopáticas, individuos integrados en la sociedad y en la normal actividad de las organizaciones humanas, para las que la psicología establece un pronóstico de recuperación muy sombrío, con una nula probabilidad de remisión de sus patologías"* (Piñuel y Zabala, 2015: 242).

La enfermedad que lleva a una persona a convertirse en acosador no es de fácil curación, partiendo por supuesto desde un punto de vista muy optimista en el que se considera que una persona tan enferma pueda tener cura ¿es posible su curación? Con una alta probabilidad la respuesta es NO. Entonces, ¿qué hacer con los acosadores? Una solución sería expulsarlos de la empresa y dar a conocer ampliamente la enfermedad que padecen y las consecuencias que tendría para cualquier organización contar con ellos en su plantilla de trabajadores.

En el proceso de *mobbing* también existe una tercera parte muy involucrada en todo el proceso que son los cómplices. Tal y como se ha comentado en este trabajo hay dos tipos de cómplices: los activos y los pasivos. Los pasivos hacen daño pero no tanto como los cómplices activos. Estos últimos son futuros acosadores y como tales deberían estar bajo vigilancia en la empresa o mejor y por simple seguridad deberían de tener el mismo destino que los acosadores, es decir, ser expulsados junto con ellos. También por política de seguridad los cómplices pasivos deberían ser sometidos a vigilancia cuando desaparezcan los acosadores y los cómplices activos de la organización.

Todo ello partiendo de la base de que los directivos de máximo nivel de la empresa no sean los acosadores y deseen que el *mobbing* no sea uno de los elementos claves y caracterizadores de la cultura de la organización en la que trabajan.

Bibliografía

Agencia Europea para la Seguridad y Salud en el Trabajo (2002). *Acoso moral en el trabajo*. Hoja informativa 23. Agencia Europea para la Seguridad y Salud en el Trabajo.

Aramburu-Zabala Higuera, L. (2002). "Respuesta al acoso laboral. Programas y estrategia". *Cuadernos de relaciones laborales*, 20, 2, pp. 337-350.

Agervold, M.; Mikkelsen, E. G. (2004). "Relationships between bullying, psychosocial work environment and individual stress reactions". *Work & Stress*, 18, 4, pp. 336-351.

Ayuso, S.; Garolera, J. (2012). "Códigos éticos de las empresas españolas: ¿qué compromisos contienen?". *Revista de la responsabilidad social de la empresa*, 11, mayo-agosto, pp.73-103.

Barómetro CISNEROS (2009). Barómetro CISNEROS XI. Universidad de Alcalá de Henares.

Barón Duque, M.; Munduate Jaca, L.; Blanco Barea, M. J. (2003). "La espiral del *mobbing*". *Papeles del psicólogo*, enero, 23, 84, pp. 71-82.

Belandía, R. (2002). "Acción sindical ante el acoso moral en el trabajo". *Revista de relaciones laborales*, 7, pp. 195-203.

Björkqvist, K.; Österman, K.; Lagerspetz, K. (1994). "Sex Differences in covert aggression among adults". *Agressive Behavior*, 20, pp. 27-33.

Boddy, C. R. (2005). "The Implications of Corporate Psychopaths for Business and Society: An Initial Examination and a Call to Arms". *Australasian Journal of Business and Behavioural Sciences*, 1, 2, pp. 30-40.

Boddy, C. R. (2006). "The dark side of management decisions: organisational psychopaths". *Management Decision*, 44, 10, pp. 1461-1475.

Boddy, C. R.; Ladyshewsky, R. K.; Galvin, P. (2010). "The Influence of Corporate Psychopaths on Corporate Social Responsibility and Organizational Commitment to Employees". *Journal of Business Ethics*, 97, pp. 1-19.

Boddy, C. R. (2011). "Corporate psychopaths, bullying and unfair supervision in the workplace". *Journal of Business Ethics*, 100, pp. 367-79.

Brealey, R. A.; Myers, S. C.; Marcus, A. J. (2007). *Fundamentos de finanzas corporativas*. 5° edición. Editorial McGraw Hill.

Carnero, M. A.; Martínez, B.; Sánchez-Mangas, R. (2010). "*Mobbing* and its determinants: the case of Spain". *Applied Economics*, 42, 29, pp. 3.777-3.787.

Carnero, M. A.; Martínez, B.; Sánchez-Mangas, R. (2012). "*Mobbing* and workers' health: empirical analysis for Spain". *International Journal of Manpower*, 33, 3, pp. 322-339.

Chávez-Bermúdez, B. F. (2012). *El mobbing y otros obstáculos para el desarrollo laboral de las mujeres*. SPCS Documento de trabajo 2012/19, Universidad de Castilla-La Mancha, España.

Comisión Europea (2001). *Libro Verde. Fomentar un marco europeo para la responsabilidad social de las empresas*. Diario Oficial de la Comunidades Europeas.

Committee of Sponsoring Organizations of the Treadway Commission (COSO) (1992). *Internal control integrated framework*, Committee of Sponsoring Organizations of the Treadway Commission, American Institute of Certified Public Accountants, New York.

Cortina, A. (coord.) (2003). *Ética de la empresa. Claves para una nueva cultura empresarial*. 6º edición. Editorial Trotta.

Cuervo García, A. (dir.) (2008). *Introducción a la administración de empresas*. 6º edición. Editorial Thomson-Civitas.

Einarsen, S.; Hauge, L. J. (2006). "Antecedentes y consecuencias del acoso psicológico en el trabajo: una revisión de la literatura". *Revista de Psicología del Trabajo y de las Organizaciones*, 22, 3, pp. 251-273.

Escartín, J.; Rodríguez-Caballeira, A.; Porrúa, C.; Martín-Peña, J. (2008). "Estudio y análisis sobre cómo perciben el *mobbing* los trabajadores". *Revista de Psicología Social*, 23, 2, pp. 203-211.

Escartín, J.; Salin, D.; Rodríguez-Caballeira, A. (2013). "El acoso laboral o *mobbing*: similitudes y diferencias de género en su severidad percibida". *Revista de Psicología Social*, 28, 2, pp. 211-224.

Fontrodona Felip, J; Guillén Parra, M.; Rodríguez Sedano, A. (2010). *La ética de la empresa en la encrucijada*. Ediciones Universidad de Navarra, S.A. (EUNSA).

Fornés Vives, J. (2002). "*Mobbing*: La violencia psicológica como fuente de estrés laboral". *Enfermería Global*, 1, noviembre, pp. 1-10.

Franco, S. (2003). "Factores organizacionales que promueven y/o facilitan la aparición del fenómeno de Hostigamiento Psicológico en el Trabajo. Estudio de Casos". *Revista Electrónica FCE*, junio, pp. 1-20.

Friedman, M. (1970). "The social responsibility of business is to increase its profits". *The New York Times Magazines*, 13 de septiembre, pp. 32-33.

Fundación Europea para la mejora de las Condiciones de Vida y de Trabajo (2007). *Cuarta Encuesta Europea sobre las Condiciones de Vida y de Trabajo*. Oficina de Publicaciones Oficiales de la Unión Europea.

Fundación Europea para la mejora de las Condiciones de Vida y de Trabajo (2012*). Quinta Encuesta Europea sobre las Condiciones de Vida y de Trabajo*. Oficina de Publicaciones Oficiales de la Unión Europea.

Giga, S. I.; Hoel, H.; Lewis, D. (2008). "The costs of workplace bullying". *Dignity at Work Partnership*.

Girard, R. (2002). *Veo a Satán caer como el relámpago*. Editorial Anagrama.

González Cuevas, A. (2002). "Una aportación desde U.G.T. respecto al acoso moral en el trabajo". *Revista de relaciones laborales*, 7, pp. 205-217.

González Navarro, F. (2002). *Acoso psíquico en el trabajo (El alma, bien jurídico a proteger)*. Editorial Civitas.

González de Rivera y Revuelta, J. L. (1997). "El Trastorno por Mediocridad Inoperante Activa (síndrome MIA)". *Psiquis*, 18, 6, pp. 229-231.

González de Rivera y Revuelta, J. L. (2002). *El maltrato psicológico. Cómo defenderse del mobbing y otras formas de acoso*. Editorial Espasa Práctico.

González Trijueque, D.; Graña Gómez, J. L. (2009). "El acoso psicológico en el lugar de trabajo: prevalencia y análisis descriptivo en una muestra multiocupacional". *Psicothema*, 21, 2, pp. 288-293.

Goodpaster, K. E.; Matthews, J. B. (1982). "Can a corporation have a conscience?. *Harvard Business Review*, enero-febrero, pp. 2-9.

Hirigoyen, M. F. (2001). *El acoso moral en el trabajo. Distinguir lo verdadero de lo falso*. Ediciones Paidós Ibérica.

Hubert, A. B.; Veldhoven, M. (2001). "Risk sectors for undesirable behaviour and *mobbing*". *European Journal of Work and Organizacional Psychology*, 10, 4, pp. 415-424.

Instituto de Política Familiar (2015). *Conciliación de la Vida Laboral y Familiar en España*. Instituto de Política Familiar. España.

Iranzo, J. E. (2004). "El fortalecimiento de la cultura de la ética empresarial como mecanismo de autocontrol". *Economistas*, pp. 268-271.

Leymann, H. (1990). "*Mobbing* and psychological terror at workplaces". *Violence and Victims*, 5, 2, pp. 119-126.

Leymann, H. (1996a). Mobbing. La persécution au travail. Editorial Du Seuil.

Leymann, H. (1996b). "The content and development of *mobbing* at work". *European Journal of Work and Organizational Psychology*, 5, 2, 165-184.

Leymann, H. (1996c). "Contenido y desarrollo del acoso grupal/moral ("*mobbing*") en el trabajo". *European Journal of Work and Organizational Psychology*, 5, 2, pp. 165-184.

Leymann, H.; Gustavsson, B. (1984). Psykiskt vald i arbetslivet. Tva explorative undersökningar (Psychological violence at work places. Two explorative studies). (*Undersöknings-rapport* 42). Arbetarskyddsstyrelsen.

López Cabarcos, M. A.; Vázquez Rodríguez, P. (2003). Mobbing. Cómo prevenir, identificar y solucionar el acoso psicológico en el trabajo. Editorial Pirámide.

Lorenz, K. (1966). *On aggression*. Brace & World.

Lozano, J. F. (2011). *Qué es la ética de la empresa*. Editorial Proteus.

Mathisen, G. E.; Øgaard, T.; Einarsen, S. (2012). "Individual and situational antecedents of workplace victimization". *International Journal of Manpower*, 33, 5, pp. 539-555.

Moreno Jiménez, B.; Rodríguez Muñoz, A.; Garrosa Hernández, E.; Morante Benadero, M. (2005). "Antecedentes organizacionales del acoso psicológico en el trabajo: un estudio exploratorio". *Psicothema*, 17, 4, pp. 627-632.

Meseguer de Pedro, M.; Soler Sánchez, M. I.; Saéz Navarro, M. C.; García Izquierdo, M. (2008). "Workplace *mobbing* and effects on workers' health". *The Spanish Journal of Psychology*, 11, 1, pp. 219-227.

Muñoz Floresi, H.; Guerra de los Santos, J. M.; Barón Duque, M.; Munduate Jaca, L. (2006). "El acoso psicológico desde una perspectiva organizacional. Papel del clima organizacional y los procesos de cambio". *Revista de Psicología del Trabajo y de las Organizaciones*, 22, 3, pp. 347-361.

Peñasco, R. (2005). *Mobbing en la universidad. Tesis, birretes, togas ¿Y cum laude en acoso?*. Editorial Adhara.

Pastrana Jiménez, J. I. (2002). "¿Cuánto cuesta el *mobbing* en España?". *Revista de Relaciones Laborales*, 7, pp. 171-181.

Peña Pérez, R. (2011). *Cómo enfrentarse al acoso laboral o mobbing. Guía personal y legal*. Editorial Servidoc.

Piñuel y Zabala, I. (2001). *Mobbing. Cómo sobrevivir al acoso psicológico en el trabajo*. Editorial Sal Terrae.

Piñuel y Zabala, I. (2004). *Neomanagement. Jefes tóxicos y sus víctimas.* Editorial Aguilar.

Piñuel y Zabala, I. (2008). *Mobbing, estado de la cuestión. Todo lo que siempre quiso saber y nadie le explicó sobre el acoso psicológico en el trabajo.* Editorial Gestión 2000.

Piñuel y Zabala, I. (2015). *Evaluación psicológica del acoso psicológico en el trabajo o mobbing en España mediante el cuestionario Cisneros.* Tesis doctoral. Universidad Complutense de Madrid. España.

Piñuel y Zabala, I.; Oñate Cantero, A. (2003). "El *mobbing* o acoso psicológico en el trabajo en España". *Congreso Internacional Virtual: Intangibles e Interdisciplinariedad*, pp. 1-20.

Ovejero Bernal, A. (2006). "El *mobbing* o acoso psicológico en el trabajo: Una perspectiva psicosocial". *Revista de Psicología del Trabajo y de las Organizaciones*, 22, 1, pp. 101-121.

Rodríguez López, P. (2004). *El acoso psicológico en el trabajo en el trabajo. La responsabilidad en el acoso moral en el trabajo.* Ediciones Jurídicas Dijusa.

Rodríguez Muñoz, A.; Martínez Gamarra, M.; Moreno Jiménez, B.; Gálvez Herrer, M. (2006). "Predictores organizacionales del acoso psicológico en el trabajo: aplicacion del modelo de demandas y recursos laborales". *Revista de Psicología del Trabajo y de las Organizaciones*, 22, 3, pp. 333-345.

Rodríguez-Muñoz, A.; Moreno-Jiménez, B.; Sanz-Vergel, A. I.; Garrosa Hernández, E. (2010). "Post-traumatic symptoms among victims of workplace bullying: exploring gender differences and shattered assumptions". *Journal of Applied Social Psychology*, 40, 10, pp. 2616-2635.

Rojas Rivero, G. P. (2005). *Delimitación, prevención y tutela del acoso laboral*. Editorial Bomarzo.

Rojas, B.; Rodríguez, M. (2011). "El acoso laboral, como irrespeto a la dignidad humana". *Revista Educación en Valores*, 2, 16, pp. 10-24.

Salin, D. (2008). "Organisational responses to workplace harassment". *Personnel Review*, 38, 1, pp. 26-44.

Salin, D.; Hoel, H. (2013). "Workplace bullying as a gendered phenomenon". *Journal of Managerial Psychology*, 28, 3, pp. 235-251.

Sánchez Cabaco, A. (1999). "Variables individuales (cognitivo-emocionales) y grupales en las nuevas patologías: el caso del *mobbing* o acoso psicológico en las organizaciones". *Revista Iberoamericana de Educación, Salud y Trabajo*, pp. 235-250.

Slin, D. (2006). "¿Se preocupan las organizaciones por el acoso psicológico en el trabajo? Percepciones de los trabajadores sobre las medidas organizacionales contra el acoso psicológico". *Revista de Psicología del Trabajo y de las Organizaciones*, 22, 3, pp. 413-431.

Stouten, J.; Baillien, E.; Broeck, A.; Camps, J.; Witte, H.; Euwema, M. (2010). "Discouraging bullying: the role of ethical leadership and its effects on the work environment". *Journal of Business Ethics*, 95, pp. 17-27.

Topa Cantisano, G.; Morales Domínguez, J. F.; Gallastegui Galán, J. A. (2006). "Acoso laboral: relaciones con la cultura organizacional y los resultados personales". *Psicothema*, 18, 4, pp. 766-771.

Vega, G.; Comer, D. (2005). "Sticks and stones may break your bones but words can break your spirit: bullying in the workplace". *Journal of Business Ethics*, 58, pp. 101-109.

Velasco Portero, M. T. (dir.) (2010). *Mobbing, acoso laboral y acoso por razón de sexo. Guía para la empresa y las personas trabajadoras.* Editorial Tecnos.

Vélez Rodríguez, L. M. (2006). "Grados de acoso psicológico en el trabajo o "*mobbing*"". *Revista Jurídica de LexJuris de Puerto Rico*, 8, 1, marzo, p. 1.

Vélez Rodríguez, L. M. (2011). "*Mobbing*: conserjería y consultaría en Puerto Rico". *Revista Jurídica de LexJuris de Puerto Rico*, 16, 1, noviembre, p. 1.

Yoo, M.; Lee, S.; Kang, M.-Y. (2015). "Gender and educational level modify the relationship between workplace mistreatment and health problems: a comparison between South Korea and EU countries". *Journal of Occupational Health*, 57, pp. 427-437.

www.ingramcontent.com/pod-product-compliance
Lightning Source LLC
Chambersburg PA
CBHW070028210526
45170CB00012B/292